집밥이 편해지는 기적의 밀키트 MEAL KIT

냉동 집밥 대백과

요오리 지음

집밥이 편해지는 기적의 밀키트
냉동 집밥 대백과

초판 1쇄 발행 · 2025년 11월 5일
초판 5쇄 발행 · 2026년 1월 8일

지은이 · 간단한끼 요오리

발행인 · 우현진
발행처 · (주)용감한까치
출판사 등록일 · 2017년 4월 25일
팩스 · 02)6008-8266
홈페이지 · www.bravekkachi.co.kr
이메일 · snowwhite-kka@naver.com

기획 및 책임편집 · 우혜진
마케팅 · 리자
디자인 · 백설미디어 **영양 감수** · 이서경 **교정교열** · 이정현
CTP 출력 및 인쇄 · **제본** · 이든미디어

- 책값은 뒤표지에 표시되어 있습니다.
- 잘못된 책은 구입한 서점에서 바꿔드립니다.
- 이 책에 실린 모든 내용, 디자인, 이미지, 편집 구성의 저작권은 도서출판 용감한까치와 지은이에게 있습니다.
  허락 없이 복제하거나 다른 매체에 옮겨 실을 수 없습니다.

ISBN 979-11-91994-45-2(13590)

ⓒ 요오리

감성의 키움, 감정의 돌봄 용감한 까치 출판사

용감한 까치는 콘텐츠의 樂을 지향하며 일상 속 판타지를 응원합니다. 사람의 감성을 키우고 마음을 돌봐주는 다양한 즐거움과 재미를 위한 콘텐츠를 연구합니다. 우리의 오늘이 답답하지 않기를 기대하며 뻥 뚫리는 즐거움이 가득한 공감 콘텐츠를 만들어갑니다. 아날로그와 디지털의 기발한 콘텐츠 커넥션을 추구하며 활자에 기대어 위안을 얻을 수 있기를 바랍니다. 나를 가장 잘 아는 콘텐츠, 까치의 반가운 소식을 만나보세요!

세상에서 가장 용감한 고양이 '까치'

동물 병원 블랙리스트 까치. 예쁘다고 만지는 사람들 손을 마구 물고 할퀴며 사나운 행동을 일삼아 못된 고양이로 소문이 났지만, 사실 까치는 누구보다도 사람들을 사랑하는 고양이예요. 사람들과 친해지고 싶은 마음에 주위를 뱅뱅 맴돌지만, 정작 손이 다가오는 순간에는 너무 무서워 할퀴고 보는 까치.

그러던 어느 날, 사람들에게 미움만 받고 혼자 울고 있는 까치에게 한 아저씨가 다가와 손을 내밀었어요. "만져도 되겠니?"라는 말과 함께 천천히 기다려준 그 아저씨는 "인생은 가까이에서 보면 비극이지만, 멀리서 보면 코미디란다"라는 말만 남기고 휭하니 가버리는 게 아니겠어요?

울고 있던 겁 많은 고양이 까치는 아저씨 말이 마지막으로 한 번 더 용기를 내보기로 했어요. 용기를 내 '용감'하게 사람들에게 다가가 마음을 표현하기로 결심했죠. 그래도 아직은 무서우니까, 용기를 잃지 않기 위해 아저씨가 입던 옷과 똑같은 옷을 입고 길을 나섭니다. '인생은 코미디'라는 말처럼, 사람들에게 코미디 같은 뻥 뚫리는 즐거움을 줄 수 있는 뚫어뻥 마법 지팡이와 함께 말이죠.

과연 겁 많은 고양이 까치는 세상에서 가장 용감한 고양이가 될 수 있을까요?
세상에서 가장 용감한 고양이 까치의 여행을 함께 응원해주세요!

PROLOGUE

 **냉동실 하나로
오늘의 집밥이 완성됩니다**

"어떻게 하면 시간과 에너지를 최소한으로 들이면서
집밥을 꾸준히 챙겨 먹을 수 있을까?"
이 단순한 질문은 저의 오랜 고민이자, 이 책이 탄생한 이유입니다.

시간은 늘 부족하고, 할 일은 끝이 없습니다.
일과 육아, 집안일 사이에서 나를 챙길 여유는 늘 뒤로 밀리죠.
맞벌이하던 시절엔 퇴근 후 늘 피곤했습니다.
냉장고 앞에 멍하니 서 있다가 결국 배달 앱을 열곤 했죠.
육아를 시작한 뒤엔 하루가 눈 깜짝할 사이에 지나가
제 밥 한 끼 챙기는 일조차 쉽지 않았습니다. 그런 날이 반복되면서
'집밥을 꾸준히 먹는 건 이제 불가능한 일일까' 생각하기도 했어요.

하지만 냉동 밀키트를 만들게 되면서 하루의 리듬이 조금씩 달라졌습니다.
퇴근 후에도, 바쁜 아침에도 냉동실 속 준비된 한 끼 덕분에
건강하고 따뜻한 밥을 먹을 수 있었어요.
"오늘은 대충 먹자"라는 말이 줄었고, 하루가 한결 정돈된 듯한 느낌이 들었습니다.

많은 분들이 이렇게 말하죠.
"냉동실은 음식을 한번 넣어두면 다시 꺼내 먹기 싫은 공간이다."
저도 한때 그렇게 생각했습니다. 반쯤 남은 재료, 언제 넣었는지도 모르는 반찬,
성에 낀 포장 속 정체 모를 음식으로 가득했으니까요.
하지만 냉동실이 그런 공간일 필요는 없습니다.

그저 식재료를 보관해두는 공간이 아니라
'미리 준비된 식사'를
저장하는 공간으로 바꾸면 됩니다.

재료를 미리 손질하고, 양념하고,
필요한 양만큼 소분해 냉동해두면
꺼내는 순간 반은 완성된 요리가 됩니다.
매번 반복되던 손질과 정리의 수고가 줄고,
그만큼 마음의 여유가 생기죠.

물론 처음에는 조금 번거롭게 느껴질 수 있습니다.
하지만 한번만 해보면 압니다.
그 이후의 날들이 얼마나 편해지는지를요.
한번에 몰아 준비한 몇 시간이
며칠, 혹은 몇 주 동안의 끼니를 지켜줍니다.
냉동 밀키트는 바쁘지만 건강하고 맛있게 먹고 싶은 사람들에게
가장 현실적이고도 현명한 방법이 될 거예요.

필요한 만큼만 장을 보고,
그 재료를 알맞게 손질해 냉동해두면
식재료가 상하거나 버려지는 일이 거의 없습니다.
자연스럽게 제로 웨이스트를 실천할 수 있죠.

바쁘고 지친 날, 특히 배달이나 외식의 유혹이 찾아올 때도
냉동실에서 바로 꺼내
큰 에너지 들이지 않고 근사한 집밥을 차려낼 수 있습니다.
그 덕분에 비싼 배달비와 외식비를 줄이고,
식비 부담도 한결 가벼워졌습니다.
냉동 집밥은 편리함뿐 아니라
생활비를 현명하게 관리하는 가장 실속 있는 방법이기도 합니다.

이 책에는 그런 경험이 담긴 냉동 집밥의 모든 과정을 소개했습니다.
집밥, 도시락, 샐러드, 스무디까지
냉동실을 효율적으로 활용해
매일의 식사를 조금 더 단단하게 만드는 방법입니다.

냉동실은
하루의 시간과 에너지를 아껴주는 공간이 됩니다.

약간의 준비가 쌓이던
하루의 리듬이 달라지고,
삶이 조금 더 가벼워집니다.

이 책이 그 시작에 작은 도움이 되길 바랍니다.

CONTENTS

- 004　프롤로그
- 012　영양 전문가의 해동과 보관 기간에 대한 일러두기

INTRO
냉동 요리 기초 편

- 016　기본 냉동 지침

- 018　기본 해동법
  - 냉장실
  - 실온
  - 전자레인지
  - 조리

- 019　재료별 냉동법

- 022　냉동 보관 기간
  - 육류
  - 생선, 해산물
  - 채소
  - 빵

- 025　냉동에 필요한 도구

- 026　주식 냉동하기
  - 쌀밥
  - 잡곡밥
  - 곡물

- 028　양념 냉동하기
  - 매콤양념장
  - 갈비양념장(간장양념장)
  - 맛간장
  - 비빔양념장

- 032　육수 냉동하기
  - 멸치 다시마 국물
  - 사골 육수
  - 채수

- 036　기본 밀키트 레시피
  - 수제비
  - 파스타 면

- 037　만능 밀키트
  - 만능채소큐브
  - 만능소보로

PART 01
집밥 편

밥

042	콩나물솥밥	
044	차돌냉이솥밥	
046	명란가지솥밥	
048	전복버섯솥밥	
050	우거지두부된장솥밥	
052	문어미역줄기솥밥	
054	비빔밥	
056	고명활용잔치국수	
057	고명활용김밥	

국 & 찌개

058	돼지고기김치찌개
060	우삼겹된장찌개
062	해물순두부찌개
064	청국장
066	부대찌개
068	애호박고추장찌개
070	감자옹심이국
072	바지락미역국
074	시금치된장국
076	얼큰한우시래깃국
078	우렁된장찌개
080	미소된장국
082	소고기뭇국
084	황태국
086	오징어뭇국
088	어묵탕
090	맑은콩나물국
092	순댓국
094	감자탕
096	차돌박이육개장
098	간편해물탕
100	샤부샤부
102	불고기전골
104	낙곱새
106	모쓰나베
108	마라탕

한 그릇

110	김치전큐브
112	해물부추전큐브
114	소불고기
116	제육볶음
118	닭갈비
120	순살닭볶음탕
122	순살찜닭
124	오징어볶음
126	닭곰탕
128	네가지맛양념닭
130	닭가슴살스테이크
132	크림새우
134	튀기지않은 칠리새우
136	신림동백순대볶음
138	가자미무조림
140	세가지맛삼치찜
142	고추잡채
144	마파두부
148	멘보샤
150	부드러운일본카레
152	촙스테이크
154	햄버그스테이크
156	짜조
158	떡볶이
160	오픈토스트
162	단호박수프

164 브로콜리수프
166 버섯크림뇨키
168 토마토나베

PART 02
도시락 편

면

170 미소라멘
172 메밀소바
174 마제소바
176 차돌짬뽕
178 토마토파스타

메인

182 참치마요주먹밥
184 전주비빔주먹밥
186 소불고기주먹밥
188 매운어묵주먹밥
190 유부초밥
192 맛살유부초밥
194 햄무스비
196 김치볶음밥
198 햄채소볶음밥
200 중화볶음밥
202 모둠김밥

골라 쓰는 도시락 밑반찬

206 돈가스
208 치킨텐더
210 미트볼
212 떡갈비
214 청양마늘닭봉구이
216 베이컨채소말이
218 드라이카레
220 유니짜장
222 두부강된장
224 달걀말이
226 소시지채소볶음
228 베이컨브로콜리볶음
230 표고버섯버터볶음
232 감자연근당근조림
234 고추장떡
236 해물부추전
238 매생이전
240 두부강정
242 진미채볶음
244 우엉조림
246 병아리콩조림
248 콩나물어묵잡채

PART 03
샐러드 편

냉동 샐러드

- 254 포테이토샐러드
- 256 단호박샐러드
- 258 게맛살달걀샐러드
- 260 고구마콘치즈샐러드
- 262 과카몰리
- 264 후무스

포케

- 266 매콤갈릭새우포케
- 267 와사비참치포케
- 268 유자불고기메밀면포케
- 269 문어미역포케
- 270 구운두부와유부포케
- 271 구운명란아보카도포케

병 샐러드

- 272 안초비카펠리니 파스타샐러드
- 273 치킨텐더옥수수 드레싱샐러드
- 274 허니갈릭닭가슴살 레몬필샐러드
- 275 미트볼토마토 퓌레 샐러드
- 276 채소찜샐러드

PART 04
스무디

- 280 모닝스타터스무디
- 282 에너지증진스무디
- 284 장 클렌즈스무디
- 236 피부미인스무디
- 238 항산화스무디(ABC주스)
- 290 눈건강스무디
- 292 탈모예방스무디

NOTE 영양 전문가의 해동과 보관 기간에 대한 일러두기

좋은 재료로 열심히 만들고 보관한 밀키트가 처음 만들었을 때와 같은 맛과 신선도를 유지하게 하려면 어떻게 해동하는지가 굉장히 중요합니다. 이 글에서는 독자분들이 만든 소중한 밀키트를 가장 적합한 방법으로 해동하는 방법에 대해 알려드리려고 합니다.

보편적으로 가장 많이 쓰이는 해동 방법은 세 가지입니다. 냉장 해동, 상온 해동, 전자레인지 해동입니다. 각 방법마다 장단점이 존재하기 때문에 상황에 맞게 선택하시면 됩니다. 위생과 식품의 품질 유지를 모두 고려했을 땐 냉장 해동이 가장 좋습니다. 한 논문에 따르면 냉동실에 있던 식품을 냉장실로 옮기면 24시간 뒤에 세균 수가 10배 정도 증가하는 반면 상온(20°C) 해동은 2시간만 지나도 세균 수가 1,000~10,000배까지 증가합니다.*

특히 익히지 않은 어육류가 포함된 밀키트의 경우 세균 수가 훨씬 많아지기 때문에 익히지 않은 어육류가 포함된 메뉴의 경우 냉장 해동을 권장합니다. 하지만 냉장 해동은 충분히 해동되기까지 오래 걸리기 때문에 바로 요리를 해야 하는 경우 적용하기 어렵다는 단점이 있습니다. 따라서 바로 요리를 해야 할 때 익히지 않은 어육류가 아니라면 전자레인지 해동도 좋습니다. 전자레인지 해동이 끝나자마자 조리를 시작한다면 경우에 따라 냉장 해동보다 위생적이기도 합니다. 세균이 증식할 시간을 주지 않기 때문입니다. 하지만 전자레인지 해동의 문제점은 식품이 일부는 익고 일부는 여전히 차가운 불균형이 발생할 수 있다는 것입니다. 이 책에서는 전자레인지 해동 후 별도의 조리 과정 없이 바로 섭취하는, 예를 들면 주먹밥 같은 메뉴도 있습니다. 이런 메뉴는 전자레인지에 7분 정도 돌린다고 했을 때 4분 돌린 뒤 꺼내서 뒤집거나 용기 위치를 바꿔주고, 나머지 3분을 돌리는 식으로 하면 비교적 골고루 익힐 수 있습니다.

전자레인지 해동은 익히지 않은 어육류가 있는 메뉴를 해동할 때는 권장하지 않습니다. 위생의 문제라기보다는 어육류에서 일부만 익고 일부는 차가운 경우가 발생할 때 육질이 질겨지거나 핏물이 응고되고 비린내가 나는 등 식품의 품질이 현저히 떨어질 수 있기 때문입니다. 따라서 이 책에서는 전자레인지 해동은 해동 후 바로 섭취하는 메뉴 또는 국이나 수프처럼 모든 재료를 한번 익혀 보관한 것들에 권장합니다.

가장 적절하지 않은 해동 방법이 상온 해동입니다. 하지만 상온 해동밖에는 답이 없을 때도 있습니다. 냉장 해동보다는 빠르게 해동하고 싶은데 전자레인지에 넣는 게 적합하지 않은, 예를 들면 스무디 같은 메뉴가 있습니다. 상온 해동은 권장 시간이 1시간 이내이고, 최대 2시간을 넘기지 않는 것이 중요합니다. 또 직사광선을 피한 서늘한 곳에서 해야 합니다. 상온 해동에 필요한 시간도 길게 느껴진다면 전자레인지와 함께 해동하는 것도 좋은 방법입니다. 냉동실에서 꺼낸 식품의 단단함이 살짝 가실

---

* 출처 : Investigation of bacterial spoilage of cooked food stored in freezer during thawing, Neelam, S., Hamid, S., Karoline, S., Stephen, L., Phil, R. 2024)

정도로 짧게 전자레인지 해동을 한 후 상온 또는 냉장실에서 해동하는 방법입니다.

요약하면 냉장 해동은 모든 메뉴어 적용 가능하고 가장 바람직한 해동법이며, 냉장실로 옮긴 뒤 24시간 이내에 섭취 또는 조리하면 됩니다. 상온 해동도 모든 메뉴에 적용 가능하긴 하나 익히지 않은 어육류가 포함된 경우 권장하지 않으며, 불가피하게 상온 해동을 하는 경우 1~2시간 이내로 바로 조리하시길 바랍니다. 전자레인지 해동은 해동과 동시에 익혀서 바로 섭취하는 모든 재료를 익힌 메뉴에 대해서는 권장합니다. 하지만 식품의 품질을 유지하기 위해 익히지 않은 어육류 혹은 해동 후 별도의 조리 없이 차갑게 섭취하는 식품의 경우에는 지양하는 것이 좋습니다.

냉동 보관 기간

우리는 종종 냉동실에 넣어놓고 잊고 지내다 한참 뒤에 발견한 식품의 상태가 영 좋지 않은 것을 볼 때가 있습니다. 성에가 잔뜩 끼어 있거나 냉장고 냄새가 배는 등 먹을 수 없는 지경에 이른 것을 보고는 아까워하며 결국 버리게 되죠. 냉동실에서는 세균 번식이 거의 일어나지 않지만 식품의 수분 손실 등 식품의 품질을 떨어뜨리는 다양한 반응이 서서히 일어납니다. 따라서 권장 보관 기간 내에 섭취하는 것이 공들여 만든 음식을 최상의 상태로 즐길 수 있는 방법입니다.

P. 22에 보면 식품별 권장 냉동 기간이 나와 있습니다. 식품을 다양한 재료가 섞인 밀키트가 아닌 단일 재료로 냉동 보관하는 경우에는 해당 페이지에 있는 내용을 참고해 보관 기간을 잡으면 됩니다. 하지만 이 책의 모든 메뉴는 최대 3개월까지만 냉동 보관하는 것을 권장합니다. 그 이유는 식품이 조리되는 과정에서 다양한 재료가 어우러지기 때문입니다. 하나의 요리에 10가지 재료가 들어간다고 했을 경우, 그 10가지 재료 중 냉동 보관 기간이 가장 짧은 것을 기준으로 삼을 수밖에 없습니다. 그 외에도 독자분들이 보관 기간에 대한 혼란이 없도록 통일성 있게 기준을 다듬어가는 과정에서 아래와 같은 기준으로 보관 기간을 정했음을 알려드립니다.

1) 생선(익힌 것)이 포함된 경우 - 1개월
2) 생선(익히지 않은 것)이 포함된 경우 - 2~3개월
3) 해산물(새우, 오징어, 조개 등)이 포함된 경우 - 2~3개월
4) 가공육(햄, 소시지, 베이컨 등)이 포함된 경우 - 1~2개월
5) 소고기, 돼지고기, 닭고기가 포함된 경우 - 2~3개월
6) 어육류가 포함되지 않은 것 - 3개월
7) 해동 후 열처리 없이 섭취하는 것 - 1개월

INTRO

냉동 요리 기초 편

※ 일러두기
계량스푼 1T(큰술) = 15ml, 1t(작은술) = 5ml / 계량컵 1컵 = 200ml

기적의 냉동 밀프렙

계량·기본 냉동 지침

기본 냉동 지침

☐   재료가 신선한 상태에서 냉동합니다.
신선도가 높을수록 냉동 후에도 맛과 식감이 더 잘 유지됩니다.

☐   냉장고 적정 온도를 잘 유지해주세요.
세균 번식을 억제하고 식재료의 안전한 보관을 위한 최소 조건입니다.

식약처에서 권고하는 온도	
냉장	냉동
0~5℃	영하 18℃ 이하

☐   1회 사용분만큼 소분해 냉동합니다.
한 번에 사용할 만큼 소분해서 냉동하면, 필요할 때 바로 꺼내 쓰기 좋습니다. 해동 후 남은 양을 다시 냉동하면 품질이 떨어질 수 있으니, 소분은 필수입니다.

☐   공기 노출을 최소화합니다.
공기 접촉을 최소화하기 위해 밀폐가 잘되는 진공포장기를 사용(냉동 보관할 어육류에 한해서만 권장)하거나, 랩으로 단단히 감싼 후 지퍼 백에 넣어 보관하거나, 양에 맞는 사이즈의 밀폐 용기를 사용하면 좋습니다. 공기와의 접촉을 줄이면 산화, 냉동 화상, 풍미 손실을 효과적으로 방지할 수 있습니다.

☐   가능한 한 빠르게 냉동하는 것이 중요합니다.
급속 냉동하면 얼음 결정이 작으므로 조직 손상이 적어져 식감과 영양소가 잘 보존됩니다. 가정에서는 냉동실 온도를 최대한 낮춘 후 넣어 빠르게 얼리는 것이 좋습니다.

☐ **수분을 최대한 제거합니다.**
세척한 식재료는 수분을 최대한 제거한 후 냉동해야 얼음 결정이 생기지 않고, 해동 후 식감 변화도 줄일 수 있습니다.

☐ **한 김 식혀 냉동합니다.**
뜨거운 상태로 바로 냉동실에 넣으면 냉동실 온도가 높아져 다른 식재료에도 영향을 줄 수 있습니다. 또 식감이 떨어지거나 수분이 얼어 조직이 손상될 수 있으니, 반드시 식힌 후 냉동하는 것이 좋습니다.

☐ **재료명과 냉동 날짜를 기재한 라벨을 붙여주세요.**
재료명과 냉동한 날짜를 적어두면 보관 기간을 쉽게 파악할 수 있어 품질이 떨어지기 전에 사용할 수 있습니다. 또 다양한 냉동식품을 보관할 경우, 필요한 재료를 빠르게 찾아 사용할 수 있어 편리합니다.

※ 주의 사항

① 재냉동은 피해주세요!
해동한 식재료를 다시 냉동하면 세균이 증식할 수 있으며, 맛과 식감이 크게 떨어집니다. 되도록 한 번에 사용할 수 있는 양만 소분해 재냉동을 방지하세요.

② 냉동 보관 기한을 지켜주세요!
냉동한 밀키트는 30일(한 달) 이내 섭취를 권장하며, 최대 90일(세 달)을 넘기지 않도록 해주세요. 영하 18℃ 이하의 냉동 중에는 세균이 거의 번식하지 않지만 냉동 보관 기간이 길어질 경우 식품이 건조해지고 냉동실 냄새가 음식에 배어드는 등 식품의 품질이 크게 저하될 수 있습니다.

기본 해동법

☐ 　　냉장실에서 해동

　　　　냉장실에서 천천히 해동하는 방법으로, 재료의 식감과 신선도를 유지할 수 있는 가장 안전한 해동법입니다. 익히지 않은 어육류가 포함된 밀키트와 해동 후 가열 처리 없이 섭취하는 스무디의 경우 반드시 냉장 해동하시길 바랍니다.

☐ 　　실온 해동

　　　　조금 더 빠르게 해동하고 싶을 때 사용하는 방법으로 직사광선이 닿지 않는 서늘한 곳에서 해동합니다. 또 해동 시작 후 2시간 이내로 조리하는 것이 안전합니다. 시간이 지체될 경우 미지근해진 식품의 표면으로부터 세균 번식이 급속도로 진행되기 때문에 빠른 조리가 중요합니다.

☐ 　　전자레인지 해동

　　　　즉각적인 해동이 필요할 때 사용하는 방법입니다. 하지만 전자레인지 해동은 식품의 일부만 해동되는 경우가 많고, 이로 인해 바로 조리하거나 바로 섭취하기 부적합한 경우가 발생합니다. 따라서 밀폐되지 않는 랩이나 뚜껑을 이용해 해동하는 것을 권장하며 해동 후에는 즉시 섭취(완조리 메뉴의 경우) 또는 조리해야 합니다.

☐ 　　조리 해동

　　　　냉동 상태에서 바로 조리하는 방법으로, 냉동 채소는 해동 과정 없이 조리하면 수분으로 인한 식감 변화를 최소화할 수 있습니다. 이 방법은 간편하면서도 재료 본연의 식감을 최대한 유지하는 데 효과적입니다.

※ 해동은 다음과 같이 해주세요.
- **실온** 해동 시: 냉동실에서 꺼낸 후 **1~2시간 이내**에 조리
- **냉장** 해동 시: 냉장실로 옮긴 후 **24시간 이내**에 조리
- 전자레인지 해동 시 바로 조리   • 해동 후에는 가능한 한 빨리 조리하는 것이 가장 좋습니다.

재료별 냉동법

☐ 육류(소고기, 돼지고기, 닭고기)
· 1회 분량으로 소분해 랩으로 싸서 냉동합니다.
· 얇게 펴서 냉동하면 해동이 빠르고 조리 시에도 편리합니다.

☐ 생선
· 내장, 비늘 등을 제거한 뒤 깨끗이 씻고 물기를 완전히 제거합니다.
· 1마리씩 또는 토막 단위로 랩으로 싸서 냉동합니다.

☐ 달걀
· 생달걀 껍질째 냉동하면 내부 팽창으로 깨질 수 있으므로 반드시 껍질을 제거합니다. 흰자와 노른자를 함께 풀어 큐브 용기에 나눠 담아 냉동합니다.
· 지단(얇게 부친 달걀) 냉동 시 단백질이 수축되어 질겨질 수 있으므로 달걀 1개 기준 미림 1작은술, 전분물(전분 ½작은술+물 1큰술)을 달걀물에 섞어 지단으로 부친 뒤 식혀서 돌돌 말아 냉동합니다.
· 스크램블드에그
달걀물에 우유와 모차렐라 치즈를 소량 넣어 완전히 익히지 않고 80% 정도만 익힌 뒤 식혀서 냉동합니다.

☐ 가공식품
· 두부 두부를 작게 자를수록 식감 변화가 덜 느껴집니다. 냉동 시 수분이 빠지면서 구멍이 생기니 양념이 잘 배는 조림이나 찌개에 넣으면 좋습니다.
· 순두부 체에 밭쳐 굵은소금을 뿌려 20분 정도 간수를 빼준 후, 먹기 좋은 크기로 잘라 냉동합니다.

☐ 채소
수분 함량이 많은 채소는 냉동 시 식감 변화가 크지만, 적절한 전 처리 과정을 통해 식감 변화를 최소화할 수 있습니다.

※ 전 처리 필수: 식감 변화 큼, 전 처리 권장: 식감 변화 적음

· **시금치** 끓는 물에 소금을 넣고 2분 정도 데친 뒤 찬물에 식힙니다. 물기를 가볍게 제거한 뒤 용기에 담고 물을 반쯤 넣어 냉동합니다. 이렇게 하면 해동 후 질겨지지 않아 무침용으로도 사용 가능합니다.

☞ 전 처리 필수 / 데쳐서 냉동 / 보관 기간: 최대 12개월

· **양배추** 적당한 크기로 자른 뒤 끓는 물에 약 3분간 데치고 찬물에 식힙니다. 그런 다음 물기를 충분히 제거해 냉동합니다.

☞ 전 처리 권장 / 데쳐서 냉동 / 보관 기간: 최대 12개월

· **애호박** 용도에 맞게 썰어서 끓는 물에 2분 정도 데치고, 키친타월로 물기를 제거해 냉동합니다.

☞ 전 처리 권장 / 찌거나 데쳐서 냉동 / 보관 기간: 최대 10개월

· **감자** 감자를 생으로 냉동하면 식감이 물러지고 색이 검게 변할 수 있으며, 이후 170℃ 이상 고온 조리 시 발암물질인 아크릴아미드 생성 가능성을 높입니다. 튀김이나 오븐에 넣어 고온 조리할 감자의 경우에는 반드시 익힌 후 냉동하세요.

☞ 전 처리 필수 / 쪄서 냉동 / 보관 기간: 5분 정도 데칠 경우 최대 10개월, 완전히 익힌 경우 최대 8개월

· **고구마** 생으로 냉동 시 조직이 파괴되어 식감이 물러지고 끈적해집니다. 깨끗이 씻은 후 찌거나 구워서 냉동합니다.

☞ 전 처리 권장 / 찌거나 구워서 냉동 / 보관 기간: 완전히 익힌 경우 최대 10개월

☐ · 단호박 단호박은 단단하므로 전자레인지에 5분간 돌려 부드럽게 한 후 자릅니다. 씨를 제거하고 먹기 좋은 크기로 썬 다음 쪄서 완전히 식힌 후 냉동하세요.
☞ 전 처리 권장 / 쪄서 냉동 / 보관 기간: 최대 12개월

☐ · 오이 얇게 썰어 소금에 5~10분 정도 절인 다음 물기를 꼭 짜서 냉동합니다. 수분이 빠져 꼬득한 오이지 같은 식감이 됩니다.
☞ 전 처리 필수 / 절여서 냉동 / 보관 기간: 2~3개월

☐ · 무 생으로 냉동했다면 해동 시 식감이 물러집니다. 용도에 맞게 썬 다음 끓는 물에 1~2분간 데치고 키친타월로 물기를 눌러 제거한 뒤 냉동합니다.
☞ 전 처리 권장 / 찌거나 데쳐서 냉동 / 보관 기간: 3~4개월

Tip. 세균 번식을 막는 빠른 해동법

· 생선

40℃의 미온수에 굵은소금 1~2큰술을 녹인 후 생선을 담가 해동해주세요. 5분 정도면 해동됩니다(상온수 2 : 온수 1 비율로 섞으면 40℃의 물을 만들 수 있어요. 가정에서 사용하는 정수기에서 추출되는 정수 온도 20℃, 온수 온도 75℃ 기준입니다). 해동 후 바로 조리해주세요.

· 육류

· 10℃ 이하 찬물에 담가 해동 시 30분마다 물을 교체하며, 총 해동 시간은 1시간을 넘지 않도록 합니다.
· 40℃의 미온수에 설탕 1~2큰술을 녹인 뒤 고기를 담가 해동해주세요. 10분 정도면 해동됩니다. 설탕이 연육 작용을 하고 맛에도 영향을 줄 수 있으니 20분을 넘지 않도록 주의하세요.

냉동 보관 기간

• 육류

☐ 소고기, 돼지고기	익힌 것	→	2~3개월
	익히지 않은 것	→	4~6개월
☐ 닭고기, 오리고기	익힌 것	→	3개월
	익히지 않은 것	→	9개월
☐ 가공육 (햄, 소시지, 베이컨 등)	익힘 여부 상관없이	→	1~2개월

• 생선, 해산물

☐ 기름기 적은 생선	대구·명태·광어 등	→	6~8개월
☐ 기름기 많은 생선	연어·고등어·꽁치 등	→	2~3개월
☐ 익힌 생선		→	4~6개월
☐ 익히지 않은 해산물	새우·오징어·조개 등	→	3~6개월
☐ 익힌 해산물		→	2~3개월

☞ 기름기 많은 생선은 산패가 빨라요.

• 채소

(1) 데치거나 찐(열처리한) 채소

- 잎채소나 연한 조직의 채소 ─── 시금치·취나물·고사리·애호박·양배추 등 → 최대 10~12개월
- 단단한 조직의 채소 ─── 브로콜리·당근·연근 등 → 최대 8~12개월
- 전분성 채소 ─── 감자·고구마·옥수수·단호박 등 → 최대 10~12개월

(2) 소금에 절여서 냉동한 채소 → 2~3개월

(3) 생으로 냉동한 채소 → 최대 3개월

☞ 생채소 상태로 냉동을 권하지 않는 식품 : 시금치, 깻잎, 부추, 상추, 바추 등의 잎채소와 오이, 토마토, 무 등 수분 함량이 높은 채소.

• 빵   → 최대 2개월

※ 참고 자료 출처 : 식품의약품안전처, 미국 식품안전청(FSIS), 미국 농무부(USDA)

Q & A
왜 익히지 않은 어육류가 보관 기간이 더 길까?

가열 조리한 식품은 세균 수가 줄어들기 때문에 좀 더 오래 보관해도 되지 않을까 하는 생각이 듭니다. 하지만 익힌 식품이나 익히지 않은 식품이나 영하 18℃ 이하의 냉동실에 들어가면 세균이 거의 증식하지 않습니다. 따라서 온도만 잘 유지된다면 냉동 기간은 식품의 위생 상태에는 크게 영향을 미치지 않습니다. 그러면 익힌 식품이나 익히지 않은 식품 모두 권장 냉동 기간이 같아야 할 것 같은데, 그렇지는 않습니다. 오히려 익힌 육류의 보관 기간을 짧게 설정합니다.

그 이유는 익힌 식품은 냉동 기간이 길어질수록 식품의 맛과 식감 등 품질이 크게 떨어지기 때문입니다. 채소류의 경우 전 처리 과정을 거쳐야 품질이 오래 유지되는 경우가 있지만 단백질이 풍부한 어육류 및 해산물은 조리 과정에서 바뀐 단백질 구조 때문에 냉동 기간이 길수록 품질 유지에 불리해집니다. 따라서 단백질 식품은 익히지 않은 신선한 상태에서 냉동 보관하는 것이 좋습니다.

냉동에 필요한 도구

☐ ### 밀폐 용기
냉동 보관 시 식품의 수분 증발과 산화, 냉동 화상을 방지하는 데 필수입니다. 유연한 소재의 냉동 전용 용기를 사용하면 해동 없이도 내용물을 쉽게 분리할 수 있어 편리합니다. 적층 가능한 용기를 사용하면 공간 활용에도 좋습니다.
☞ **추천** 땡스소윤, 비트리, 지퍼 백

☐ ### 급속 쟁반
자른 채소나 고기 등을 쟁반에 넓게 펴서 냉동하면 빠르고 균일하게 얼리기 좋습니다. 급속 냉동은 식재료의 맛과 영양 보존에도 효과적입니다. 급속 쟁반에 1차 냉동한 후 얼린 상태로 밀폐 용기에 옮겨 보관합니다.

☐ ### 랩 또는 진공 기계
냉동의 핵심은 공기와의 접촉 최소화입니다. 랩으로 감싸거나 진공포장 기계를 사용하면 산화와 냉동 화상을 방지할 수 있습니다. 진공포장은 냉동 보관할 어육류에 한해서만 권장합니다.
☞ **추천** 글래드 매직랩(접착력이 좋아서 편리해요), 진공포장기

☐ ### 라벨 도구
내용물과 냉동 날짜를 적어두면 유통기한 관리와 재고 파악이 쉬워집니다. 용기에 직접 기록할 수 있는 워셔블 마커는 주방 세제에만 지워지며, 라벨 프린터를 이용하면 깔끔한 정리에 도움이 됩니다.
☞ **추천** 모나미 키친마커, 라벨 프린터기, 라벨 스티커

☐ ### 전자레인지 찜기
채소 냉동 시 전 처리 과정에서 편리하게 사용할 수 있습니다. 또 해동할 때도 식품이 마르지 않고 촉촉하게 조리되어 맛을 지킬 수 있습니다.
☞ **추천** 실리만 이지웨이 찜기, 집탑 실리콘백

주식 냉동하기

매일 먹는 주식을 미리 냉동해두면 식사 준비가 훨씬 간편해집니다. 냉동해도 식감이 크게 변하지 않고 신선도와 영양이 유지되니, 언제든 든든한 식사를 준비할 수 있어요.

☐ 쌀밥

1인분(150~200g)씩 소분해 냉동 밥 전용 용기에 담아 보관합니다. 갓 지은 밥을 용기에 담고 바로 뚜껑을 닫은 후 5~10분 정도 상온에 놓아두세요. 이 상태로 냉동실에 넣으면 전분이 부드러운 상태로 냉동되어 해동했을 때도 신선하고 쫀득한 식감을 유지할 수 있습니다.

☐ 잡곡밥

잡곡밥은 일반 쌀밥보다 수분이 적어 냉동 시 다소 건조해질 수 있습니다. 밥을 짓자마자 빠르게 냉동하는 것이 잡곡밥의 식감을 유지하는 데 효과적입니다. 해동 시 일반 쌀밥보다 조금 더 딱딱해질 수 있기 때문에, 물 1큰술이나 얼음 1조각을 올려 전자레인지로 데우면 촉촉하게 먹을 수 있습니다.

☐ 곡물

• 키노아

조리 흐르는 물에 깨끗이 씻은 후 키노아:물 = 1:2 비율로 넣어줍니다. 소금을 조금 넣고 강한 불에 끓이다가 끓기 시작하면 중약불로 줄이고 15분간 끓입니다. 물이 다 증발하고 키노아가 부드럽게 익을 때까지 조리합니다.

식히기 넓은 트레이나 접시에 펼쳐서 완전히 식힙니다.

소분 및 냉동 1인분씩 소분해 냉동용 지퍼 백이나 밀폐 용기에 담아 냉동합니다.

해동 및 활용 전자레인지 또는 냉장 해동 모두 가능합니다. 샐러드, 스튜, 반찬 등으로 활용합니다.

• 렌틸콩

조리 흐르는 물에 깨끗이 씻은 후 렌틸 콩:물 =1:3 비율로 넣어줍니다. 강한 불로 끓이다가 끓기 시작하면 중약불로 줄여 부드럽게 익을 때까지 15~20분 정도 삶아줍니다.

식히기 렌틸 콩을 찬물에 완전히 식혀줍니다.

소분 및 냉동 냉동용 지퍼 백에 소분해 공기를 최대한 제거한 후 냉동합니다.

해동 및 활용 렌틸 콩은 냉동된 상태에서 바로 수프나 스튜 등에 넣어 조리할 수 있습니다. 냉장실에서 서서히 해동해 샐러드 등에 바로 사용할 수도 있습니다.

• 검은콩

불리기 찬물에 8시간 이상 충분히 불립니다.

삶기 불린 콩을 부드러워질 때까지 약 30~40분간 삶아줍니다.

식히기 삶은 콩을 체에 밭쳐 물기를 제거하고 완전히 식힙니다.

소분 및 냉동 검은콩을 1회 분량씩 소분해 냉동 용기에 담고 냉동합니다.

해동 및 활용 냉장 해동하거나 바로 요리에 사용합니다. 밥 지을 때 넣거나 샐러드, 반찬으로 활용합니다.

양념 냉동하기

매콤양념장

10인분 분량 고춧가루 70g, 고추장 90g, 진간장 100ml, 다진 마늘 35g, 설탕 40g, 매실청 45g

☞ **보관** 냉장 보관 1주 이내 / 냉동 보관 3개월(냉동 전 냉장고에서 하루 정도 숙성시켜주세요.)

☞ **활용 요리** 제육볶음, 닭갈비, 오징어볶음, 생선조림, 두부조림, 감자조림

※ 단맛은 조리 시 취향에 맞게 더해주세요.

갈비양념장(간장양념장)

10인분 분량 진간장 70ml, 굴소스 30g, 맛술 70ml, 흑설탕 50g 후춧가루 약간, 참기름 2큰술, 갈아 만든 배 음료 345ml, 다진 마늘 3큰술, 다진 양파 1개 분량, 다진 대파 1대 분량

☞ **보관** 냉장 보관 3일 이내 / 냉동 보관 3개월(냉동 전 냉장고에서 하루 정도 숙성시켜주세요.)

☞ **활용 요리** 목살구이, 소불고기, 닭간장구이, 떡갈비, 두부간장조림

맛간장

10인분 분량 진간장 200ml, 물 200ml, 설탕 50g, 맛술 100ml, 청주 50ml, 양파 ½개, 대파 1대, 표고버섯 1개, 건고추 1개, 다시마 ½장(10x10cm)

① 양파는 굵게 채 썰고, 대파는 5cm 길이로 자릅니다. 표고버섯은 슬라이스합니다.
② 냄비에 진간장, 물, 설탕, 맛술, 청주를 넣고 설탕이 녹을 때까지 저어줍니다.
③ 양파, 대파, 표고버섯, 건고추, 다시마를 (2)의 냄비에 넣고 중간 불에서 끓입니다.
④ 끓기 시작하면 불을 약하게 줄이고 30분 정도 끓이다 체에 걸러 건더기를 제거하고 식혀주세요.

☞ **보관** 냉장 보관 2~3주 내 사용 권장 / 냉동 보관 최대 6개월
☞ **활용 요리** 메추리알장조림, 두부간장조림, 감자조림, 가지볶음, 간장비빔국수(볶음, 찜, 조림, 무침 등 간장이 들어가는 다양한 한식 요리에 두루 활용하세요)
※ 냉동 보관 시 큐브 형태로 얼려 보관하면 사용하기 좋습니다.

비빔양념장

10인분 분량 고운 고춧가루 60g, 양조간장 60ml, 고추장 30g, 매실액 60ml, 설탕(또는 물엿) 60g, 식초 75ml, 다진 마늘 30g, 간 파인애플 통조림 2조각 분량

☞ **보관** 냉장 보관 1주 이너 / 냉동 보관 최대 3개월
☞ **활용 요리** 비빔국수, 비빔냉면, 제육비빔밥, 오징어무침, 김치비빔국수, 쫄면
※ 참기름, 통깨는 조리 후 추가하세요.
※ 6시간~1일 냉장고에서 숙성시켜주세요.

육수 냉동하기

요리할 때 육수를 사용하면 음식의 맛과 풍미가 깊어져요. 하지만 매번 육수를 끓이는 것은 시간도 많이 걸리고 냉장 보관 기간 시 3일 정도로 보관 기간이 짧아 번거로울 수 있습니다. 한번에 넉넉히 끓여 냉동해두면 필요할 때마다 부담 없이 사용할 수 있습니다.
Tip. 큐브 형태의 틀에 소분해 냉동하면 필요한 양만큼 꺼내 사용할 수 있어 편리합니다.

※ 시판 육수 제품 활용법

육수를 매번 끓이기 어렵거나 시간이 부족할 때는 시판 제품을 활용해도 좋아요. 요즘에는 천연 재료로 만든 건강한 제품도 다양하게 출시되어, 상황에 따라 적절히 활용하면 편리합니다. 무첨가, 저염 등 건강을 고려한 제품도 많으니 성분표를 꼼꼼히 확인하고 선택하세요.

· 코인 육수
뜨거운 물에 녹이기만 하면 간편하게 국물 맛을 낼 수 있어요. 멸치 국물, 해물, 채소, 닭고기 등 종류별로 고를 수 있어요.

· 가루 육수
가루 형태라 요리 스타일에 맞춰 양 조절이 쉽고 잘 녹아서 활용도가 높아요. 볶음 요리에도 사용하기 좋아요.

· 사골 육수
실온 보관 제품으로 바로 사용할 수 있어 편리합니다. 진한 국물이 필요할 때 특히 유용해요.

멸치 다시마 국물

6~8인분 분량 물 3L, 멸치 50g, 다시마(10×10cm) 2장, 표고버섯 2개, 양파 1개, 대파 흰 부분 2대 분량(뿌리 포함) 보관 냉장 보관 3일 / 냉동 보관 3개월

① 멸치의 머리와 내장을 제거합니다(멸치 내장을 제거하면 쓴맛을 줄일 수 있습니다).
② 다시마는 찬물에 살짝 헹궈 표면의 불순물을 제거합니다. 가볍게 씻어내는 정도로 해주세요.
③ 표고버섯, 양파, 대파를 큼지막하게 썰어줍니다.
④ 냄비에 물과 손질한 재료를 모두 넣고 중간 불에서 끓입니다. 물이 끓기 시작하면 다시마는 1~2분 이내에 건져냅니다(다시마를 오래 끓이면 점액질이 나와 국물이 탁해질 수 있습니다).
⑤ 다시마를 건져낸 뒤 30~40분 정도 더 끓입니다.
⑥ 불을 끄고 모든 재료를 건져낸 뒤 식혀서 소분합니다.

사골 육수

20~30인분 분량 사골 2kg, 물 적당량, 양파 1개, 대파 흰 부분 1대(뿌리 포함), 마늘 10~12톨, 생강 1조각 (채소는 전부 선택) **보관** 냉장 보관 3일 / 냉동 보관 3개월

① 사골은 찬물에 6시간 이상 담가 핏물을 제거한 뒤 냉장고에 넣고 중간에 물을 갈아줍니다.
② 큰 냄비에 물을 끓인 뒤 사골을 넣고 10분 정도 데쳐 불순물을 제거합니다. 데친 사골은 찬물에 헹궈줍니다.
③ 큰 냄비에 사골을 넣고 잠길 정도의 물을 부어줍니다. 강한 불에서 끓기 시작하면 중약불로 줄여 6시간 이상 끓입니다. 너무 강한 불로 끓이면 국물이 탁해질 수 있습니다(중간에 떠오르는 기름을 걷어냅니다).
④ 1차 육수를 체로 걸러낸 뒤, 뼈는 그대로 두고 새로운 물을 부어 3~4시간 정도 더 끓입니다. 이 과정을 한 번 더 반복해 총 세 번 우려냅니다. 1차 육수보다는 덜 진하지만 충분히 깊은 맛과 감칠맛 나는 육수를 뽑아낼 수 있습니다. 각각의 육수는 따로 사용하거나 섞어서 사용하면 됩니다.
2차 육수를 낼 때는 양파, 대파, 마늘, 생강 등을 추가하면 풍미가 더욱 깊어집니다(선택).

⑤ 식혀서 소분합니다.

채수

6~8인분 분량 물 3L, 양파 2개, 대파 흰부분 2대 분량(뿌리 포함), 당근 1개, 마늘 10톨, 무 ½개, 다시마(10×10cm) 2장, 표고버섯 5~6개 보관 냉장 보관 3일 / 냉동 보관 3개월

① 채소를 깨끗이 씻은 뒤 큼직하게 썰어줍니다.
대파 뿌리는 포크 등을 사용해 흙을 긁어내며 씻으면 더 깨끗이 손질할 수 있더요.

② 큰 냄비에 물과 손질한 채소를 모두 넣습니다. 물이 끓기 시작하면 다시마는 1~2분 이내에 건져낸 후 불은 중약불로 줄인 다음, 채소가 충분히 부드러워질 때까지 30~40분 정도 은근히 끓여줍니다.
중간에 거품이 생기면 걷어내세요. 다시마를 오래 끓이면 점액질이 나와 국물이 탁해질 수 있습니다.

③ 불을 끄고 채소와 불순물을 체로 걸러줍니다. 맑은 육수를 원한다면 면보를 사용해 한번 더 걸러도 좋습니다.

④ 식혀서 소분합니다.

기본 밀키트 레시피

• 수제비
재료(1인분 기준) 밀가루(중력분) 1컵, 소금 ¼작은술, 식용유 ½큰술, 물 ½컵(80ml 정도) ※ 물 양은 반죽 상태에 따라 조절

밀키트 만드는 법
① 물에 소금을 풀어줍니다.
② 큰 볼에 밀가루를 넣고 소금물과 식용유를 넣어준 뒤 반죽해주세요. 많이 치댈수록 반죽이 쫄깃해지고 탄력이 생깁니다. 손에 묻어나는 게 적어질 때까지 치대줍니다.
③ 냉장고에서 1시간 정도 숙성시킵니다.
④ 숙성한 반죽을 1회 분량씩 나누어 밀대로 납작하게 밀어줍니다. 서로 붙지 않도록 1장씩 종이 포일을 사이에 겹쳐 놓고 랩으로 감싼 뒤 냉동 보관합니다.

• 파스타 면
재료(5~6인분) 파스타 면 1봉지(500g), 소금 1큰술, 올리브유 약간

밀키트 만드는 법
① 끓는 물에 소금을 넣고 파스타 면 1봉지를 넣고 삶아줍니다. 파스타 종류마다 삶는 시간이 조금씩 다르니, 봉지에 적힌 조리 시간을 기준으로 2분 정도 덜 삶아주세요.
② 체에 밭쳐 물기를 제거한 뒤, 올리브유를 살짝 둘러 골고루 버무립니다.
③ 1인분 분량씩 돌돌 말아서 용기에 소분해 담아줍니다.
※ 얼린 뒤 중간에 꺼내 덩어리를 살짝 떼어두면 사용할 때 더 편리합니다. 처음 얼릴 때 덩어리 사이에 약간의 간격을 두어 배치하면 서로 붙지 않고 쉽게 분리됩니다.

만능 밀키트

만능채소큐브

다양한 요리에 쉽게 활용할 수 있도록 채소를 다져서 냉동해두는 방식입니다. 볶음밥, 달걀말이 등 다양한 요리에 바로 사용할 수 있어 준비 시간을 크게 줄여줍니다. 요리하고 애매하게 남은 자투리 채소를 사용하기에도 좋은 방법이에요. 재료 낭비를 줄이고 언제든 손쉽게 영양 가득한 한 끼를 만들 수 있습니다.

재료 양파, 당근, 버섯, 대파 등 각종 채소(냉장고 속 사정에 맞게 종류와 양을 자유롭게 준비)
보관 냉장 보관 최대 2일 / 냉동 보관 3개월
활용 요리 채소볶음밥, 오므라이스, 채소죽, 달걀찜, 달걀말이, 강된장, 카레, 채소전, 라면 토핑

① 모든 재료를 다지거나 츠퍼에 넣고 갈아주세요.
② 1회 분량씩 소분해 적당한 용기에 담아 냉동 보관합니다.

채소는 수확 후 시간이 지남에 따라 영양소가 감소하지만, 수확 직후 빠르게 냉동하면 영양소 손실을 최소화할 수 있습니다.

만능소보로

간단하게 볶아 만든 고기 소보로는 다양한 한 그릇 요리에 활용도가 높습니다. 간단한 요리에 풍부한 단백질을 더해줄 수 있습니다.

6~8인분 분량 다진 소고기 300g, 맛간장 4큰술(P. 30 참고), 식용유 약간, 통깨 약간
보관 냉장 보관 최대 3일 / 냉동 보관 최대 2~3개월
활용 요리 주먹밥, 꼬마김밥, 비빔밥, 볶음밥, 카레, 토르티아 랩, 궁중떡볶이

① 팬에 기름을 두르고 다진 소고기를 볶습니다.
② 고기의 붉은 기가 사라지면 양념을 넣고 수분이 날아갈 때까지 볶아줍니다.
③ 통깨를 뿌린 뒤 한 김 식혀 1회 분량씩 소분해 용기에 담아 냉동 보관합니다.

식비 절약!
시간 절약!

PART 1.
집밥 편

※ **일러두기**

· 각 레시피는 1인분 기준입니다. 1인분 이상일 경우 별도로 표시되어 있습니다.

· 채소는 세척 후 손질합니다.

· 비조리 식품은 상온 해동보다는 냉장 해동(P. 18 참고)을 권장하며 부득이하게 상온 해동을 할 경우 1시간 이내의 해동 시간을 지킬 것을 권고합니다.

· 전자레인지를 이용해 해동할 경우, 뚜껑을 살짝 열어둔 채로 해동하세요.

· 전자레인지와 에어프라이어는 사양에 따라 조리 시간이 달라질 수 있습니다. 이 책의 전자레인지 해동 시간은 1100W 기준입니다. 출력이 낮을 경우 해동 시간을 더 늘려주세요.

· 코인 육수는 제품마다 염도 차이가 있으니 마지막 간은 소금으로 조절하는 게 좋습니다.

· 비조리 해산물, 고기, 채소를 밀키트 용기에 담을 때 종이 포일이나 랩으로 구분해 서로 맞닿지 않게 담아주세요.

· 진공포장은 냉동 보관할 어육류에 한해 권장하며, 과일, 채소는 식품의 과숙이나 무름 등을 유발할 수 있습니다. 냉동 보관할 어육류에 한해서만 진공포장을 권장합니다.

· 책에 수록된 밀키트 사진은 이해를 돕기 위한 이미지입니다. 반드시 상세 설명을 읽고 따라 하시길 바랍니다.

※ 용기 사이즈 기본 가이드(국 1인분=300ml, 일반요리 1인분=600ml)

· 책에 수록된 레시피의 조리는 가스레인지 사용 기준입니다. 조리 방법이 다를 경우 별도로 표시되어 있습니다.

기적의 냉동 밀프렙

밥·국·한 그릇·면

반조리 후 ▶▶▶ 냉동

콩나물솥밥

밀키트 재료 콩나물 150g, 다진 소고기 90g, 소금 약간

밀키트 양념 (다진 소고기 양념) 간장 1큰술, 물엿 1큰술, 다진 마늘 ½큰술, 후춧가루 약간

2~3개월 보관 가능

밀키트 만들기

① 콩나물은 깨끗이 씻은 뒤 소금을 약간 넣고 끓는 물에 2분간 데칩니다.

② 데친 콩나물은 채반에 밭쳐 물기를 제거합니다.

③ 팬에 다진 소고기를 넣고 중간 불에서 볶습니다.

④ 소고기가 익기 시작하면 간장, 물엿, 다진 마늘, 후춧가루를 넣고 약한 불에서 3~4분간 조립니다.

⑤ 데친 콩나물과 소고기볶음은 한 김 식힙니다.

⑥ 냉동 용기 바닥에 데친 콩나물을 깔고 그 위에 소고기볶음을 담아줍니다.

조리 시 재료	쌀 100g, 물 100ml, 쯔유 1작은술, 멸치 코인 육수 1개
조리 시 양념	다진 청양고추 1큰술, 간장 1큰술, 참치액 ½큰술, 고춧가루 1큰술, 다진 마늘 ½작은술, 참기름 약간, 통깨 약간

① 20분간 불린 쌀과 물, 코인 육수, 쯔유를 솥에 넣고 강한 불에 끓입니다.
② 끓어오르면 눌어붙지 않도록 주걱으로 솥 바닥까지 뒤섞어줍니다.
③ 냉동 밀키트를 넣은 뒤 뚜껑을 닫고 약한 불로 줄입니다.
④ 15분간 끓인 뒤 불을 끄고 5분간 뜸 들입니다.
  2인분도 동일하게 15분간 끓이고 5분간 뜸을 들입니다. 3~4인분 기준일 경우 20분 끓이고 10분간 뜸을 들여주세요.
⑤ 주걱으로 재료를 섞어준 뒤 분량의 재료로 만든 양념장을 곁들여 냅니다.

밀키트 조리

반조리 후 ▶▶▶ 냉동

차돌냉이 솥밥

밀키트 재료 차돌박이 100g, 냉이 80g

밀키트 양념 간장 1큰술, 참기름 1작은술, 올리고당 1작은술, 다진 마늘 1작은술

2~3개월 보관가능

밀키트 만들기

① 차돌박이를 중간 불에 볶다가 분량의 양념 재료를 모두 섞어 넣고 볶아줍니다.

② 볶은 차돌박이는 충분히 식혀주세요.

③ 냉이는 깨끗이 손질하고 씻어서 먹기 좋은 크기로 썰어주세요.

④ 냉동 용기 바닥에 냉이를 깔고 그 위에 차돌박이를 담아줍니다.

조리 시 재료	쌀 100g, 물 100ml, 쯔유 1작은술, 멸치 코인 육수 1개
조리 시 양념	간장 1큰술, 참기름 1큰술, 다진 파 1작은술, 다진 마늘 1작은술, 고춧가루 1작은술, 통깨약간

① 20분간 불린 쌀과 둘, 코인 육수, 쯔유를 솥에 넣고 강한 불에 끓입니다.
② 끓어오르면 눌어붙지 않도록 주걱으로 솥 바닥까지 두 섞어줍니다.
③ 냉동 밀키트를 넣은 뒤 뚜껑을 닫고 약한 불로 줄입니다.
④ 15분간 끓인 뒤 불을 끄고 5분간 뜸 들입니다.
⑤ 주걱으로 재료를 섞어준 뒤 분량의 재료로 만든 양념장을 곁들여 냅니다.

밀키트 조리

반조리 후 ▶▶▶ 냉동

명란가지
솥밥

| 밀키트 재료 | 명란 1개(약 30~40g), 가지 ⅔개 |
| 밀키트 양념 | 버터 1큰술 |

2~3개월보관가능

밀키트 만들기

① 명란은 버터 ½큰술을 살짝 둘러 중간 불에서 겉면만 익혀줍니다.
② 익은 명란을 먹기 좋은 크기로 썰어줍니다.
③ 가지는 적당한 크기로 썰고, 명란을 구운 팬에 버터 ½큰술을 추가해 중간 불에서 3~4분간 볶아줍니다.
④ 명란과 볶은 가지를 한 김 식혀주세요.
⑤ 냉동 용기에 명란과 가지를 종이 포일 혹은 랩으로 구분해 담아줍니다.

조리 시 재료	쌀 100g, 물 100ml, 쯔유 1작은술, 멸치 코인 육수 1개
조리 시 양념	간장 1큰술, 참기름 1큰술, 레몬즙 1작은술, 다진 파 1작은술, 고춧가루 1작은술, 통깨 약간

① 20분간 불린 쌀과 물, 코인 육수, 쯔유를 솥에 넣고 강한 불에 끓입니다.
② 끓어오르면 눌어붙지 않도록 주걱으로 솥 바닥까지 뒤섞어줍니다.
③ 냉동 밀키트를 넣은 뒤 뚜껑을 닫고 약한 불로 줄입니다.
④ 15분간 끓인 뒤 불을 끄고 5분간 뜸 들입니다.
⑤ 주걱으로 재료를 섞어준 뒤 분량의 재료로 만든 양념장을 곁들여 냅니다.

밀키트 조리

반조리 후 ▶▶▶ 냉동

전복버섯 솥밥

밀키트 재료	전복 1마리(약 50~60g), 표고버섯 1개, 당근 ⅕개(30g)
밀키트 양념	버터 ½큰술, 맛술 ½큰술, 양조간장 ½큰술, 참기름 ½큰술

2~3개월보관 가능

밀키트 만들기

① 전복은 물에 씻어가며 솔로 박박 문질러 검은색 표면을 닦아줍니다.

② 숟가락으로 껍질과 전복을 분리한 뒤 몸통과 내장도 분리합니다.

③ 내장, 맛술, 양조간장, 참기름을 믹서에 갈아 내장소스를 만들어 소스용 냉동 용기에 담아주세요.

④ 전복은 먹기 좋은 크기로 썰어 버터에 노릇하게 구워 한 김 식혀주세요.

⑤ 표고버섯과 당근은 다져줍니다.

⑥ 다진 버섯과 당근을 용기 바닥에 깔고 구운 전복을 위에 담아 보관합니다.
다진 버섯과 당근은 섞여도 괜찮습니다.

조리 시 재료　　　쌀 100g, 물 100ml

① 　냉동한 내장소스를 솥에 넣고 먼저 볶아줍니다.
② 　20분간 불린 쌀을 넣어 함께 볶아줍니다.
③ 　물을 넣고 강한 불에 끓여줍니다.
④ 　끓어오르면 눌어붙지 않도록 주걱으로 솥 바닥까지 뒤섞어줍니다.
⑤ 　냉동 밀키트를 넣은 뒤 뚜껑을 닫고 약한 불로 줄여주세요.
⑥ 　15분간 끓인 뒤 불을 끄고 5분간 뜸 들여 완성합니다.
⑦ 　주걱으로 재료를 섞어서 드세요.

밀키트 조리

반조리 후 ▶▶▶ 냉동

우거지두부 된장솥밥

밀키트 재료 우거지 100g, 두부 70g

밀키트 양념 된장 1+½작은술, 다진 마늘 1작은술, 들기름 1작은술

3개월 보관 가능

밀키트 만들기

① 우거지는 깨끗이 씻어 데친 뒤 물기를 짠 다음 적당한 크기로 썰어줍니다.

② 두부는 면보로 물기를 짜준 뒤 칼 옆날로 으깨서 준비합니다.

③ 데친 우거지와 으깬 두부, 된장, 다진 마늘, 들기름을 넣고 무쳐주세요.

④ 냉동 용기에 담아주세요.

조리 시 재료	쌀 10Cg, 물 100ml, 쯔유 1작은술, 멸치 코인 육수 1개
조리 시 양념	액젓 1큰술, 다진 파 1작은술, 고춧가루 1작은술, 다진 마늘 ½작은술, 참기름 1작은술, 통깨 약간, 물 1작은술

① 20분간 불린 쌀과 둘, 코인 육수, 쯔유를 솥에 넣고 강한 불에 끓입니다.
② 끓어오르면 눌어붙지 않도록 주걱으로 솥 바닥까지 두 섞어줍니다.
③ 냉동 밀키트를 넣은 뒤 뚜껑을 닫고 약한 불로 줄이세요.
④ 15분간 끓인 뒤 불을 끄고 5분간 뜸 들입니다.
⑤ 주걱으로 재료를 섞어준 뒤 분량의 재료로 만든 양념장을 곁들여 냅니다.

반조리 후 ▶▶▶ 냉동

문어미역 줄기솥밥

2~3개월 보관 가능

밀키트 재료	문어 다리 80g, 미역 줄기 80g
밀키트 양념	버터 1작은술, 다진 마늘 ½작은술, 참기름 1작은술

밀키트 만들기

① 팬에 버터를 녹여 다진 마늘, 문어 다리를 넣고 중간 불에 살짝 구워줍니다.

② 노릇하게 익으면 불을 끄고 식힙니다.

③ 미역 줄기는 소금기가 빠지도록 물에 10분 정도 담갔다가 깨끗이 씻어 데친 뒤 물기를 짜주세요

④ 미역 줄기에 참기름을 넣고 무칩니다.

⑤ 용기 바닥에 미역 줄기를 깔고 (2)의 구운 문어를 위에 담아줍니다.

조리 시 재료　　　쌀 100g, 물 100ml, 쯔유 1작은술, 멸치 코인 육수 1개
조리 시 양념　　　레몬즙 1큰술, 간장 1작은술, 매실청 1작은술, 다진 파 1작은술, 참기름 1작은술, 통깨 약간

① 　20분간 불린 쌀과 물, 코인 육수, 쯔유를 솥에 넣고 강한 불에 끓입니다.
② 　끓어오르면 눌어붙지 않도록 주걱으로 솥 바닥까지 뒤섞어줍니다.
③ 　냉동 밀키트를 넣은 뒤 뚜껑을 닫고 약한 불로 줄입니다.
④ 　15분간 끓인 뒤 불을 끄고 5분간 뜸 들입니다.
⑤ 　주걱으로 재료를 섞어준 뒤 분량의 재료로 만든 양념장을 곁들여 냅니다.

밀키트 조리

반조리 후 ▶▶▶ 냉동

비빔밥
(고명 큐브)

밀키트 재료 시금치 1kg, 버섯 400g, 만능소보로 300g(P. 38 참고), 당근 350g(2개), 애호박 350g(2개), 달걀 6개

밀키트 양념 소금 약간, 참기름 약간, 식용유 약간, 간장 1작은술

※ 600ml 냉동 용기에 큐브 8개 기준 분량입니다.

2~3개월 보관 가능

밀키트 만들기

① 아래 방법으로 재료를 조리해 준비해주세요.
- 시금치는 데쳐서 물기를 짜준 뒤 소금과 참기름으로 무쳐줍니다.
- 버섯은 채 썰고 식용유를 둘러 살짝 볶다 간장 1작은술을 추가해 간합니다.
- 당근은 채 썰고 소금을 살짝 뿌려 식용유에 살짝 볶아줍니다.
- 애호박은 채 썰고 소금을 살짝 뿌려 식용유에 볶아줍니다.
- 달걀은 얇게 지단으로 부쳐준 뒤 얇게 채 썰어줍니다.

재료별 냉동법(P. 19) 지단 내용을 참고하세요.

② 조리된 (1)의 고명 재료와 만능소보로를 냉동 큐브 틀에 담아 냉동합니다.

조리 시 양념 고춧가루 ½큰술, 설탕 ½큰술, 양조간장 2큰술, 매실액 1큰술, 액젓 1큰술, 참기름 ½큰술, 다진 마늘 1작은술, 다진 양파 1작은술, 통깨 약간

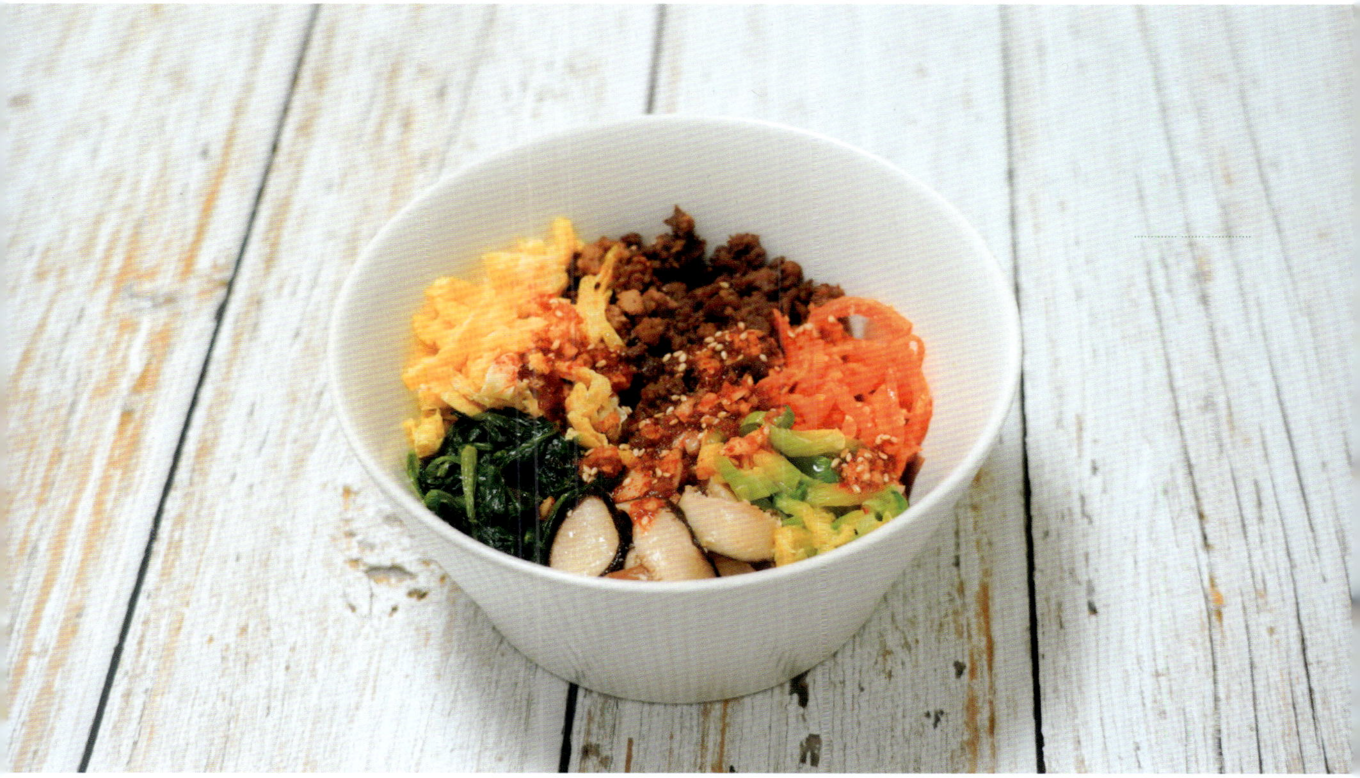

밀키트 조리

① 찬밥 위에 고명 큐브를 올리고 전자레인지용 덮개를 씌워 3~4분간 돌려주세요.

② 분량의 양념장 재료를 섞어서 (1) 위에 올려 비벼 드세요.

고명활용 잔치국수

조리 시 재료 물 600ml, 멸치 코인 육수 1개, 국간장 ½큰술, 참치액 ½큰술, 소면 100g

조리 시 양념 고춧가루 ½큰술, 설탕 ½큰술, 양조간장 2큰술, 매실액 1큰술, 액젓 1큰술, 참기름 ½큰술, 다진 마늘 1작은술, 다진 양파 1작은술, 통깨 약간

① 물과 코인 육수, 국간장, 참치액을 넣고 끓여 국물을 만들어줍니다.

② 국물에 바로 고명 큐브를 넣은 뒤, 2분 정도 더 끓입니다.

③ 소면은 따로 끓는 물에 4분 정도 삶아 얼음물에 담가 헹군 다음 물기를 제거해주세요.

④ 그릇에 소면과 해동한 고명 밀키트를 올린 뒤 (1)의 국물과 분량의 재료로 만든 양념장을 올려 완성합니다.

조리 시 재료　　김밥용 김 1장, 밥 1인분, 소금 약간, 참기름 약간, 통깨 약간

고명활용 김밥

① 원하는 고명 큐브를 골라 전자레인지용 용기에 담아 2~3분 돌려 해동합니다.
　해동하는 과정에서 나오는 물은 버려주세요.
② 밥에 소금과 참기름을 넣어 밑간합니다.
③ 김 위에 밥을 깔고 고명을 올려 말아주세요.
④ 김밥의 겉면과 칼에 참기름을 발라 썰어준 뒤 통깨를 뿌려 완성합니다.

반조리 후 ▶▶▶ 냉동

돼지고기 김치찌개

밀키트 재료 김치 150g, 찌개용 돼지고기 100g, 양파 ¼개, 대파 ¼대, 두부 ¼모

밀키트 양념 굵은 고춧가루 ½큰술, 다진 마늘 ½큰술, 설탕 1작은술(신 김치일 경우), 참기름 ½큰술, 김칫국물 1큰술(또는 2큰술), 국간장 1큰술

2~3개월 보관 가능

밀키트 만들기

① 양파는 채 썰고, 대파는 어슷 썰고, 두부와 김치는 먹기 좋은 크기로 썰어주세요.

② 냄비에 돼지고기와 분량의 양념을 넣고 볶습니다.

③ 돼지고기가 반쯤 익으면 김치를 넣고 중약불로 볶아줍니다. 김치가 흐물거리고 투명해질 정도로 오래 볶아주세요.

④ 식힌 뒤 (3)의 재료를 용기에 담아주세요.

⑤ 양파, 대파, 두부도 구분해서 담습니다.

조리 시 재료　　　물 300ml, 멸치 코인 육수 1개

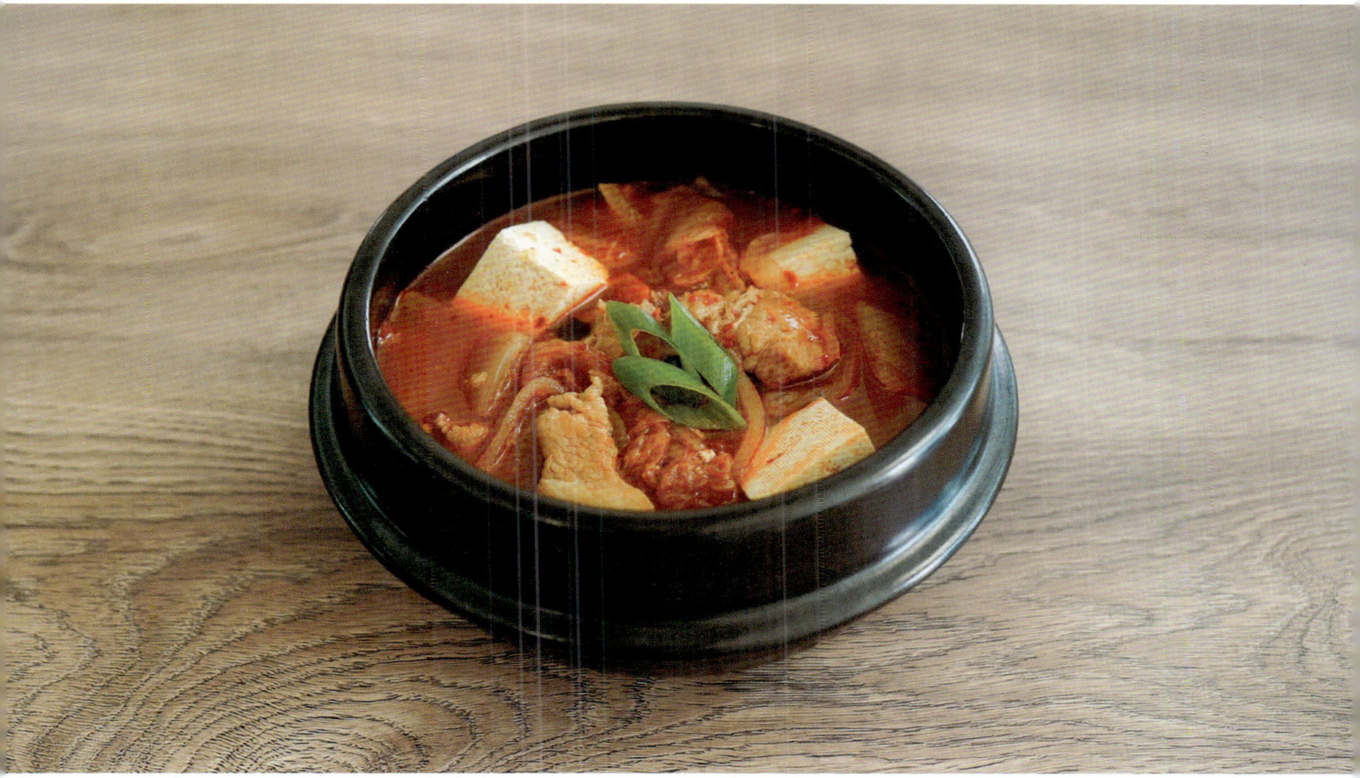

① 　냄비에 냉동 밀키트와 물, 코인 육수를 넣고 끓입니다.
　　냉동 재료가 해동될 수 있도록 초반에는 뚜껑을 닫고 끓여주세요. 물과 코인 육수 대신 사골 육수 300ml로 대체할 수 있습니다.

② 　재료가 잘 풀어지도록 저어가며 끓입니다.

③ 　재료가 모두 익고 국물이 우러나면 완성입니다.

Tip. 물 양(1인분=약 300ml, 2인분=약 550ml)은 재료 상태나 기호에 따라 달라질 수 있습니다. 조리 중 부족하다 싶으면 약간씩 추가하세요.

반조리 후 ▶▶▶ 냉동

우삼겹 된장찌개

밀키트 재료   우삼겹 100g, 두부 ¼모, 애호박 ⅙개, 감자 ¼개, 양파 ⅙개, 대파 약간
밀키트 양념   된장 1큰술, 고추장 ½큰술, 물엿 ½큰술, 다진 마늘 ½큰술

2~3개월 보관 가능

밀키트 만들기

① 감자, 양파는 먹기 좋은 크기로 깍둑 썰고 애호박은 부채꼴로 썰고, 대파는 어슷 썰고, 두부는 키친타월로 물기를 제거한 뒤 작게 깍둑 썰어주세요.
② 애호박과 감자는 전자레인지로 2~3분 정도 쪄서 준비합니다.
③ 팬에 우삼겹을 볶다가 반쯤 익으면 분량의 양념 재료를 넣고 함께 볶아줍니다.
④ 볶은 우삼겹을 한 김 식히고, 용기에 잘라놓은 채소를 구역을 나눠 담아줍니다.
⑤ 그 위에 볶은 우삼겹과 두부를 올립니다.

조리 시 재료　　　물 300ml, 멸치 코인 육수 1개

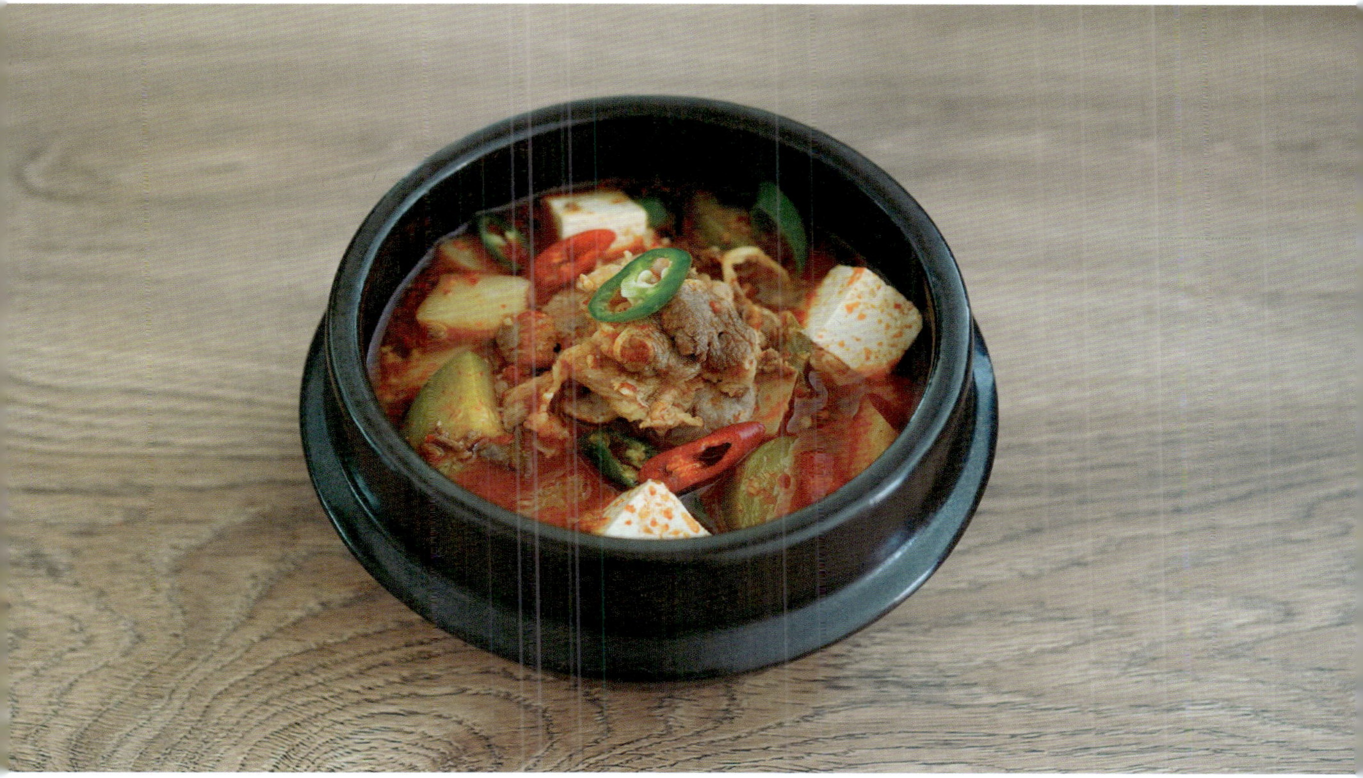

① 　냄비에 냉동 밀키트와 물, 코인 육수를 넣고 끓입니다
　　냉동 재료가 해동되도록 초반에는 뚜껑을 닫고 끓여주세요. 물과 코인 육수 대신 멸치
　　다시마 국물 300ml로 대체할 수 있습니다.

② 　재료와 양념이 잘 풀어지도록 저어가며 끓입니다.

③ 　재료가 모두 익고 국물이 우러나면 완성입니다.

Tip. 물 양(1인분=약 300ml, 2인분=약 550ml)은 재료 상태나 기호에 따라 달라질 수 있습니다. 조리 중 부족하다 싶으면 약간씩 추가하세요.

반조리 후 ▶▶▶ 냉동

해물순두부찌개

2~3개월 보관 가능

밀키트 재료	바지락 ½줌(60~70g), 오징어 ½마리(60~70g), 양파 ⅙개, 애호박 ⅙개, 팽이버섯 15g, 대파 ¼대, 청양고추 ½개, 홍고추 ½개(선택), 식용유 1+½큰술
밀키트 양념	고춧가루 1+½큰술, 진간장 1큰술, 굴소스 ½큰술, 다진 마늘 1큰술

밀키트 만들기

① 양파는 채 썰고, 애호박은 부채꼴로 썰고, 팽이버섯은 뿌리를 제거한 뒤 먹을 만큼 찢어놓고, 대파, 고추는 어슷 썰어주세요.

② 오징어는 손질해서 먹기 좋은 크기로 잘라주고, 바지락은 해감해서 준비합니다.

③ 팬에 기름을 두르고 다진 마늘과 파를 볶아주세요.

④ 향이 올라오면 약한 불로 줄이고 고춧가루를 넣고 타지 않게 달달 볶아서 고추기름을 만들어줍니다.

⑤ 어느 정도 볶아지면 진간장과 굴소스를 넣고 섞어준 뒤 불을 끕니다.

⑥ 용기에 바지락, 오징어, 채소를 구분해서 담아주고, (5)를 넣습니다.
재료들은 종이 포일이나 랩으로 구분해 담아주세요.

조리 시 재료   물 250ml, 멸치 코인 육수 1개, 순두부 ½팩, 달걀 1개

① 냄비에 냉동 밀키트와 물, 코인 육수를 넣고 끓입니다.
   냉동 재료가 해동되도록 초반에는 뚜껑을 닫고 끓여주세요. 물과 코인 육수 대신 멸치 다시마 국물 250ml로 대체할 수 있습니다.

② 재료가 잘 풀어지고 적당히 익으면 순두부와 달걀을 넣어주세요.

③ 뚜껑을 덮고 달걀이 반숙 정도로 익을 때까지 끓여 완성합니다.

Tip. 물 양(1인분=약 250ml, 2인분=약 450ml)은 재료 상태나 기호에 다라 달라질 수 있습니다. 조리 중 부족하다 싶으면 약간씩 추가하세요.

비조리 후 ▶▶▶ 냉동

청국장

밀키트 재료   신 김치 ½컵, 두부 ¼모, 애호박 ⅙개, 양파 ¼개, 대파 ½대, 청양고추 ½개
밀키트 양념   청국장 100g, 된장 ½큰술, 고춧가루 1작은술, 다진 마늘 1작은술

3개월 보관가능

밀키트 만들기

①   양파는 채 썰고, 대파와 청양고추는 어슷 썰고, 두부는 키친타월로 물기를 제거한 뒤 애호박, 신 김치와 함께 먹기 좋은 크기로 썰어주세요. 청국장은 조리 시 잘 풀어지도록 작게 잘라주세요.

②   용기에 손질한 재료와 청국장을 구역을 나누어 담아줍니다.

③   된장, 고춧가루, 다진 마늘을 섞어 양념장을 만들어 (2)에 올립니다.

조리 시 재료 물 300ml, 멸치 코인 육수 1개

① 냄비에 냉동 밀키트와 물, 코인 육수를 넣고 끓입니다
  냉동 재료가 해동되도록 초반에는 뚜껑을 닫고 끓여주세요. 물과 코인 육수 대신 멸치 다시마 국물 또는 쌀뜨물 300ml로 대체할 수 있습니다.

② 재료와 양념이 잘 풀어지도록 저어가며 끓여줍니다.

③ 재료가 도두 익고 국물이 우러나면 완성입니다.

밀키트 조리

Tip. 물 양(1인분=약 300ml, 2인분=약 550ml)은 재료 상태나 기호에 따라 달라질 수 있습니다. 조리 중 부족하다 싶으면 약간씩 추가하세요.

비조리 후 ▶▶▶ 냉동

부대찌개

1~2개월 보관 가능

밀키트 재료 스팸 100g, 베이컨 2줄, 비엔나소시지 3~4개, 다진 돼지고기 ½줌(50g), 김치 ½줌(50g), 두부 ⅙모, 양파 ¼개, 대파 ¼대, 팽이버섯 30g
냉장고에 있는 재료에 따라 자유롭게 선택하세요.

밀키트 양념 고춧가루 1큰술, 된장 ½큰술, 다진 마늘 ½큰술, 간장 1큰술, 설탕 ½큰술, 후춧가루 약간

밀키트 만들기

① 양파는 채 썰고, 대파는 어슷 썰고 팽이버섯은 뿌리를 잘라낸 뒤 반으로 썰어주세요. 나머지 재료도 먹기 좋은 크기로 썰어주세요.

② 손질한 재료는 구역을 나누어 용기에 담아줍니다.
스팸, 비엔나소시지, 베이컨, 다진 돼지고기는 종이 포일이나 랩으로 구분해 담습니다.

③ 분량의 양념 재료를 섞어 재료를 담아놓은 용기에 같이 담아줍니다.

조리 시 재료 사골 육수 500ml, 물 100ml, 라면 ½개

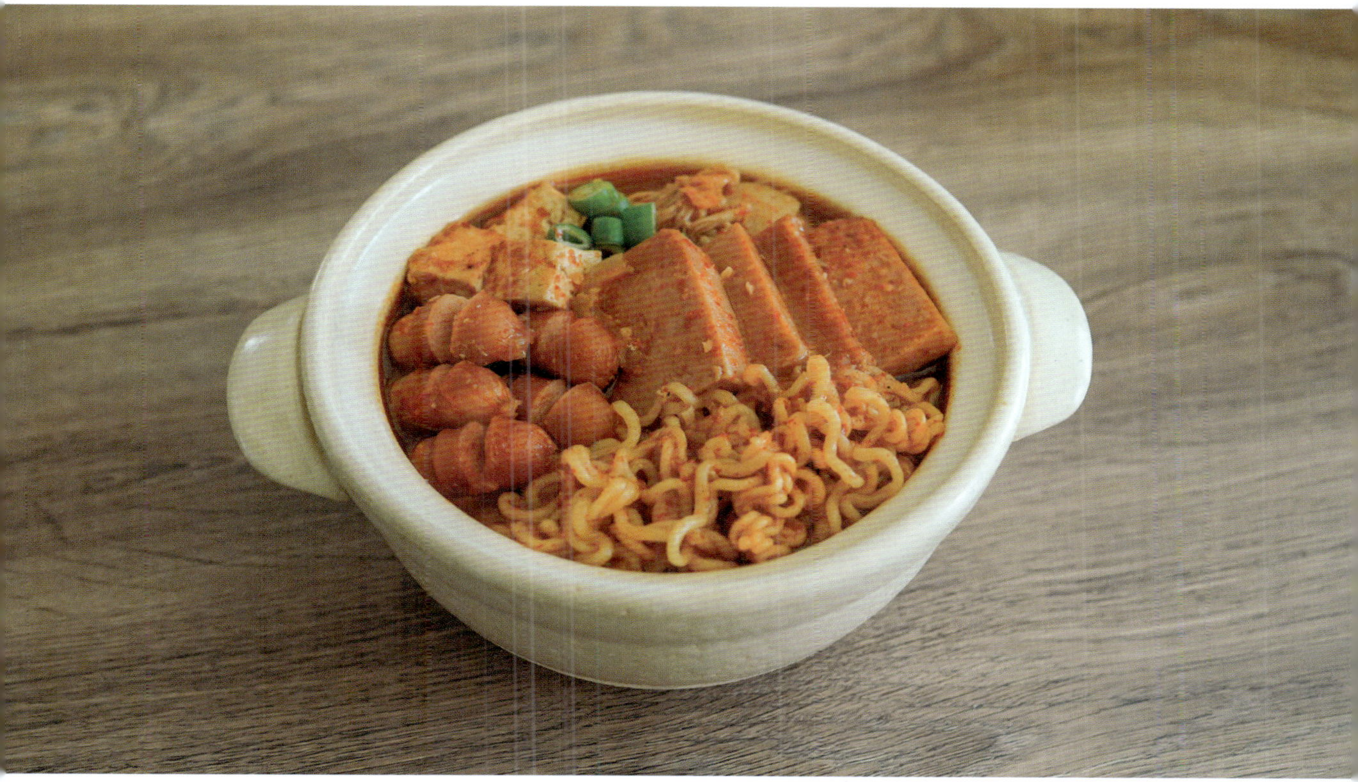

① 냄비에 냉동 밀키트와 사골 육수, 물을 넣고 끓여줍니다.
   냉동 재료가 해동되도록 초반에는 뚜껑을 닫고 끓여주세요.
② 재료와 양념이 잘 풀어지도록 저어가며 끓입니다.
③ 끓어오르면 라면을 넣고 면이 익을 때까지 끓여 완성합니다.

Tip. 물 양(1인분=육수와 물을 합쳐 500~600ml, 2인분=육수와 물을 합쳐 900~1,000ml)은 재료 상태나 기호에 따라 달라질 수 있습니다. 조리 중 부족하다 싶으면 약간씩 추가하세요.

반조리 후 ▶▶▶ 냉동

애호박 고추장찌개

2~3개월 보관 가능

밀키트 재료 돼지고기 70g(찌개용 앞다리 살), 애호박 ¼개(50g), 두부 ⅙모(50g), 양파 ¼개(30g), 감자 ¼개(30~40g), 대파 ¼대, 표고버섯 1개(15g), 청양고추 1개, 홍고추 ½개(선택), 식용유 약간, 후춧가루 약간

밀키트 양념 고추장 1큰술(듬뿍), 고춧가루 ½큰술, 다진 마늘 ½큰술, 진간장 ½큰술, 된장 1작은술

밀키트 만들기

① 양파는 채 썰고, 대파와 고추는 송송 썰고, 애호박은 4등분해 깍둑 썰고, 감자와 두부는 깍둑 썰고, 표고버섯은 편 썰어주세요. 감자는 전자레인지에 2분 정도 쪄서 준비합니다.

② 분량의 양념 재료를 섞어서 준비합니다.

③ 기름을 약간 두르고 돼지고기를 넣은 뒤 후춧가루를 톡톡 뿌려 볶아줍니다.

④ 고기의 붉은 기가 사라지면 약한 불로 줄여 (2)의 양념과 물을 조금 넣고 볶습니다.

⑤ 손질한 채소는 용기에 구역을 나누어 담아줍니다.

⑥ (4)의 볶은 고기와 두부도 재료를 넣은 용기에 담아줍니다.

조리 시 재료 물 300ml, 멸치 코인 육수 1개

① 냄비에 냉동 밀키트와 물, 코인 육수를 넣고 끓입니다.
   냉동 재료가 해동되도록 초반에는 뚜껑을 닫고 끓여주세요. 물과 코인 육수 대신 멸치 다시마 국물 300ml로 대체할 수 있습니다.

② 재료와 양념이 잘 풀어지도록 저어가며 끓입니다.

③ 재료가 모두 익고 국물이 우러나면 완성입니다.

밀키트 조리

Tip. 물 양(1인분=약 300ml, 2인분=약 550ml)은 재료 상태나 기호에 따라 달라질 수 있습니다. 조리 중 부족하다 싶으면 약간씩 추가하세요.

반조리 후 ▶▶▶ 냉동 **밀키트 재료** 감자 1개, 찹쌀가루 약간, 표고버섯 1개, 당근 ⅙개, 대파 ½대, 소금 약간

감자 옹심이국

3개월 보관 가능

밀키트 만들기

① 감자는 껍질을 벗긴 뒤 강판에 갈고 간 감자를 면포에 싸서 물기를 최대한 짭니다. 갈아낸 감자에서 나온 물은 잠시 두어 전분을 가라앉힙니다. 위의 물은 따라버리고 남은 전분과 간 감자, 소금을 넣고 반죽한 뒤 동그랗게 빚어주세요.
반죽이 질면 찹쌀가루를 약간씩 넣어 농도를 맞춥니다. 시판 제품을 사용해도 좋아요.

② 냄비에 물을 넣고 끓어 오르면 (1)을 넣고 떠오르면 건져서 식힙니다.

③ 당근은 얇게 채 썰고, 파는 송송 썰고, 표고버섯은 편 썰어주세요.

④ 옹심이, 손질한 채소를 용기에 담아줍니다.
1인분씩 조리할 경우 한 용기에 담아도 무방하지만, 그 이상의 양을 한번에 조리할 때는 옹심이와 다른 재료를 나누어 담는 것이 편리합니다.

조리 시 재료 물 400ml, 멸치 코인 육수 1개, 국간장 1작은술, 멸치액젓 1작은술

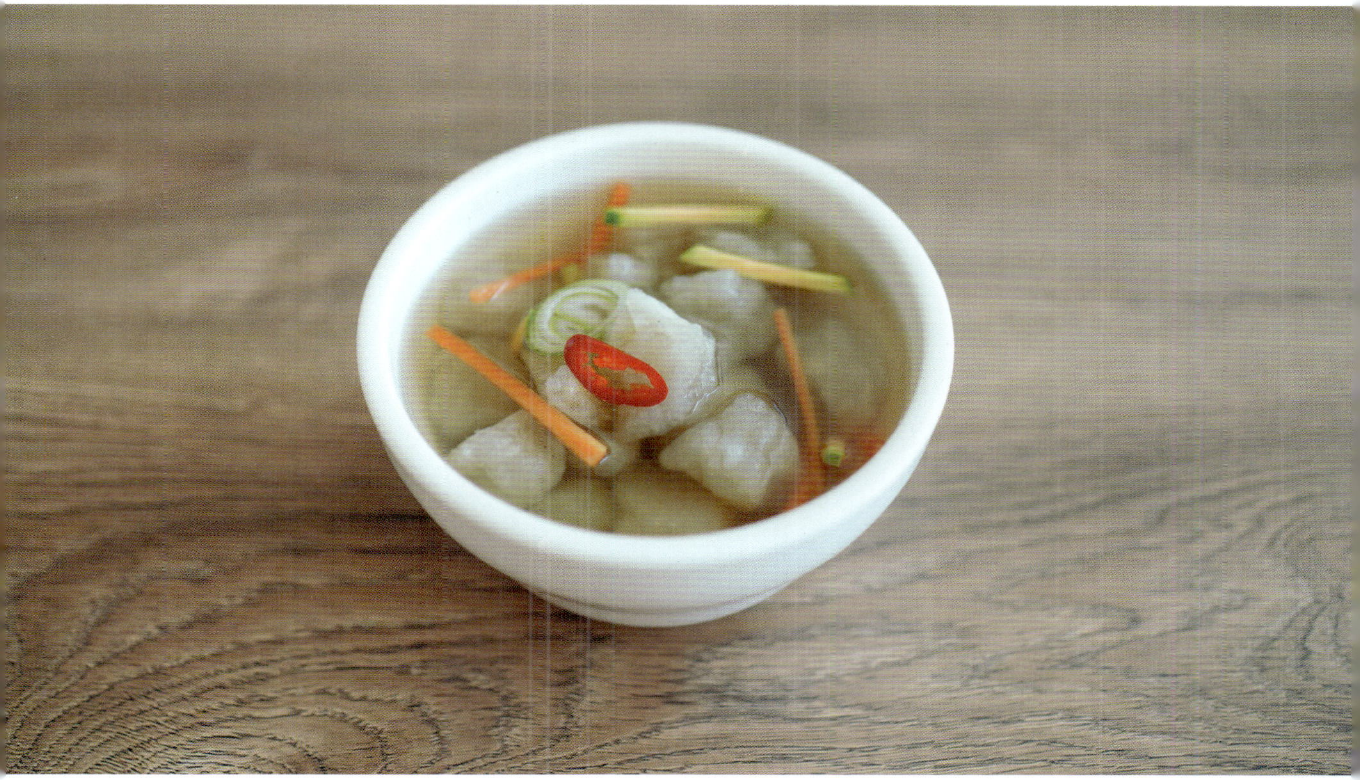

① 냄비에 물, 코인 육수를 넣고 끓입니다.
물과 코인 육수 대신 멸치 다시마 국물 400ml로 대체할 수 있습니다.

② 육수가 끓으면 멸치액젓, 국간장, 냉동 밀키트를 넣고 끓여주세요.

③ 옹심이가 익어서 떠오르고 재료가 모두 익으면 완성입니다.

Tip. 물 양(1인분=약 400ml, 2인분=약 700ml)은 재료 상태나 기호에 따라 달라질 수 있습니다. 조리 중 부족하다 싶으면 약간씩 추가하세요.

반조리 후 ▶▶▶ 냉동

바지락 미역국

2~3개월 보관 가능

밀키트 재료   바지락 150g, 건미역 10g, 굵은소금 2큰술, 식초 2큰술
밀키트 양념   다진 마늘 1작은술, 국간장 1큰술, 참기름 1작은술

밀키트 만들기

① 큰 볼에 바지락을 담고 바지락이 잠길 정도로 물을 부은 뒤 굵은소금과 식초를 넣고 섞어줍니다(물 1L당 소금 2큰술, 식초 2큰술 정도). 덮개나 검은 천을 덮은 뒤 어두운 곳에서 2~3시간 정도 바지락을 해감하세요. 해감한 바지락은 찬물에 비벼가며 충분히 씻어 준비합니다.

② 미역은 깨끗이 씻은 뒤 물에 10분 이상 불려서 준비합니다.

③ 불린 미역에 분량의 양념 재료를 넣고 조물조물 섞어주세요.

④ 팬에 (3)의 양념한 미역을 넣고 2분 정도 볶아줍니다.

⑤ 볶은 미역과 바지락을 종이 포일이나 랩으로 구분해 용기에 담아줍니다.

| 조리 시 재료 | 물 400ml, 멸치 코인 육수 1개, 소금 약간(선택), 국간장 약간(선택) |

①   냄비에 냉동 밀키트와 물, 코인 육수를 넣고 끓입니다.
냉동 재료가 해동되도록 초반에는 뚜껑을 닫고 끓여주세요. 물과 코인 육수 대신 멸치 다시마 국물 400ml로 대체할 수 있습니다.

②   재료를 풀어주며 끓입니다.

③   재료가 모두 익고 국물이 우러나면 완성입니다.
부족한 간은 소금, 국간장으로 맞춰주세요.

Tip. 물 양(1인분=약 400ml, 2인분=약 700ml)은 재료 상태나 기호에 따라 달라질 수 있습니다. 조리 중 부족하다 싶으면 약간씩 추가하세요.

반조리 후 ▶▶▶ 냉동

시금치 된장국

밀키트 재료 시금치 50g, 두부 ¼모(80g), 팽이버섯 30g, 소금 약간
시금치는 배추, 시래기 등으로 대체해도 좋아요.

밀키트 양념 된장 1큰술, 국간장 ½큰술, 다진 마늘 ¼큰술

3개월보관가능

밀키트 만들기

① 시금치는 끓는 물에 소금을 넣고 10초 정도만 살짝 데친 뒤 찬물에 식혀 물기를 짜서 준비합니다.

② 시금치에 분량의 양념 재료를 넣고 무쳐줍니다.

③ 두부는 키친타월로 꾹꾹 눌러 물기를 제거한 뒤 깍둑 썰어줍니다.

④ 팽이버섯은 뿌리를 제거하고 물에 살짝 헹군 뒤 물기를 제거합니다.

⑤ 용기에 무친 시금치와 두부, 팽이버섯을 담아줍니다.

조리 시 재료   물 400ml, 코인 육수 1개

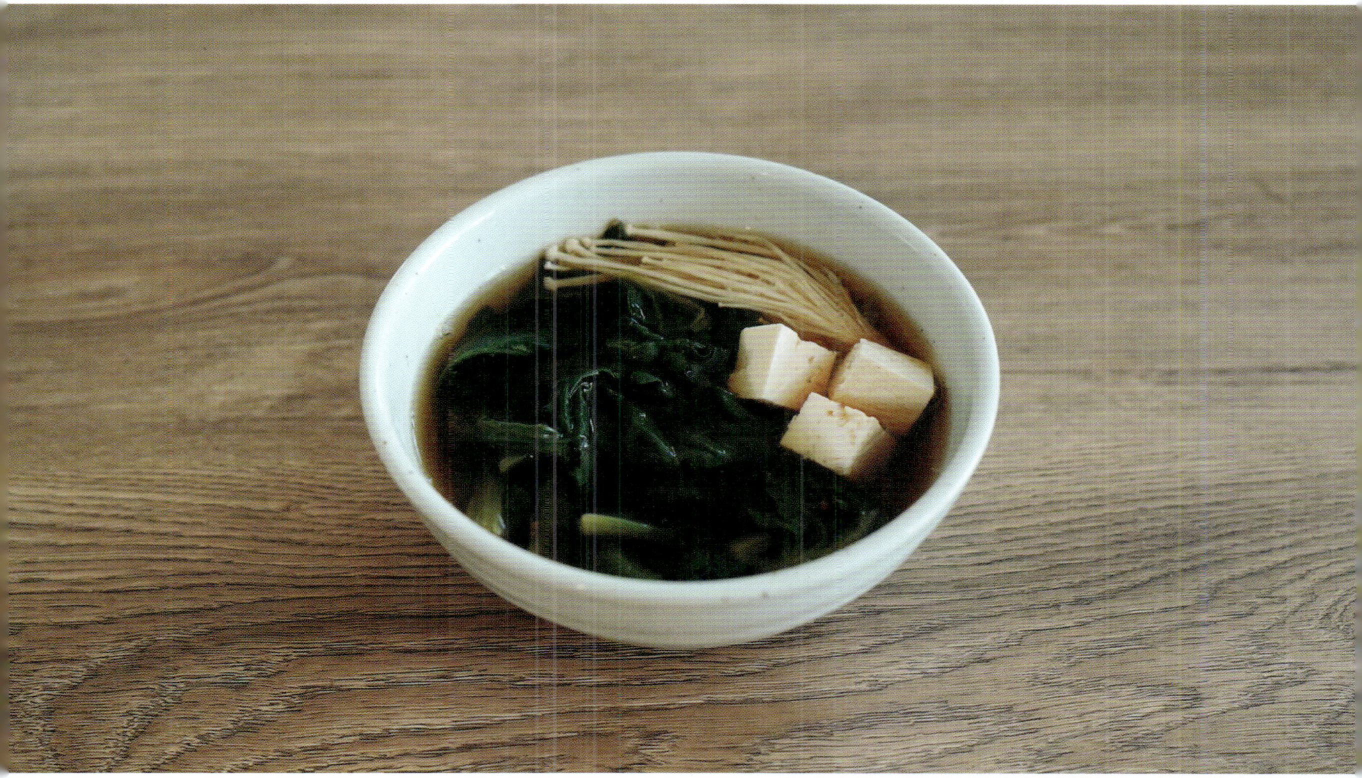

① 냄비에 냉동 밀키트와 물, 코인 육수를 넣고 끓입니다.
　 냉동 재료가 해동되도록 초반에는 뚜껑을 닫고 끓여주세요. 물과 코인 육수 대신 멸치 다시마 국물 400ml로 대체할 수 있습니다.

② 재료를 풀어주며 끓입니다.

③ 재료가 모두 익고 국물이 우러나면 완성입니다.

Tip. 물 양(1인분=약 400ml, 2인분=약 700ml)은 재료 상태나 기호에 따라 달라질 수 있습니다. 조리 중 부족하다 싶으면 약간씩 추가하세요.

반조리 후 ▶▶▶ 냉동

얼큰한우 시래깃국

| **밀키트 재료** | 한우 양지 80g, 데친 시래기 80g, 대파 ¼대, 청양고추 1개, 홍고추 ½개, 식용유 약간 |

밀키트 양념 된장 ½큰술, 국간장 1작은술, 참치액 1작은술, 고춧가루 1큰술, 다진 마늘 1작은술, 들기름 1큰술

2~3개월 보관 가능

밀키트 만들기

① 한우 양지는 한입 크기로 작게 썰고 시래기는 적당한 길이로 썰어 준비합니다. 대파, 청양고추, 홍고추는 어슷 썰어줍니다.

② 한우 양지와 시래기에 분량의 양념 재료를 넣고 골고루 무쳐주세요. 냉장고에서 30분 정도 재워주면 맛이 더욱 깊어집니다.

③ 팬에 기름을 두르고 무친 한우 양지와 시래기를 볶아줍니다.

④ 볶은 재료를 한 김 식혀 용기에 담고, 손질한 채소도 함께 담아줍니다.

조리 시 재료   물 400ml, 멸치 코인 육수 1개

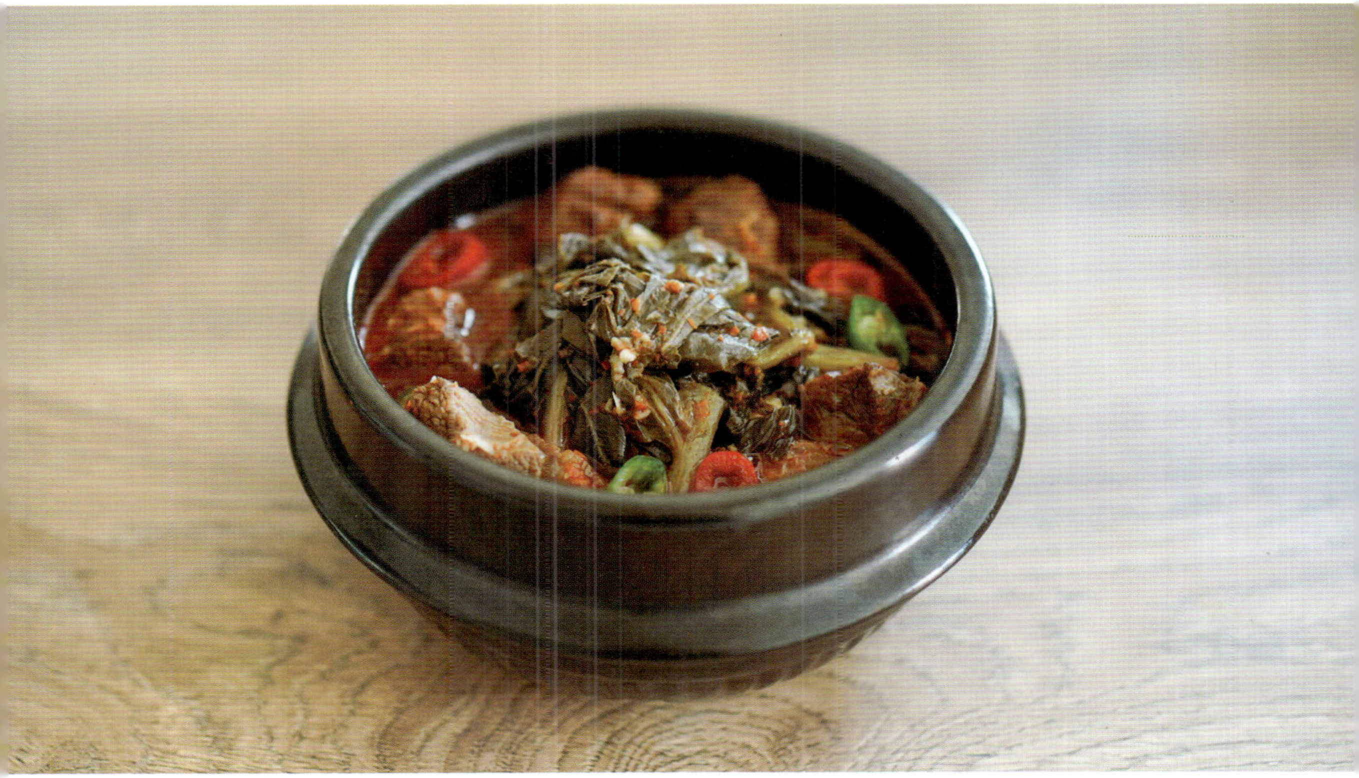

① 냄비에 냉동 밀키트와 물, 코인 육수를 넣고 끓입니다.
  냉동 재료가 해동되도록 초반에는 뚜껑을 닫고 끓여주세요. 물과 코인 육수 대신 멸치 다시마 국물 400ml로 대체할 수 있습니다.

② 재료를 풀어주며 끓입니다.

③ 재료가 모두 익고 국물이 우러나면 완성입니다.

Tip. 물 양(1인분=약 400㎖, 2인분=약 700㎖)은 재료 상태나 기호에 따라 달라질 수 있습니다. 조리 중 부족하다 싶으면 약간씩 추가하세요.

반조리 후 ▶▶▶ 냉동

우렁 된장찌개

2~3개월 보관 가능

밀키트 재료	우렁이 1줌(60g), 두부 ⅙모(50g), 감자 ¼개, 애호박 ⅙개, 양파 ⅙개, 대파 ¼대, 표고버섯 1개, 팽이버섯 약간, 밀가루 약간, 굵은소금 약간
밀키트 양념	된장 1큰술, 고춧가루 ½큰술, 다진 마늘 1작은술

밀키트 만들기

① 우렁이에 밀가루와 굵은소금을 넣고 조물조물 문지른 뒤 흐르는 물에 2~3번 꼼꼼히 헹궈줍니다.

② 두부는 키친타월로 물기를 제거한 뒤 작게 썰고, 감자는 작게 깍둑 썰고, 애호박은 부채꼴로 썰어주세요. 양파는 채 썰고 대파는 송송 썰고 표고버섯은 밑동을 제거하고 편 썹니다. 팽이버섯도 밑동을 제거하세요. 감자는 전자레인지에 2분 정도 쪄서 준비합니다.

③ 우렁이는 종이 포일이나 랩에 담아 손질한 재료와 함께 용기에 담아줍니다.

④ 재료와 함께 양념도 담아줍니다.

조리 시 재료　　　물 300ml, 멸치 코인 육수 1개

① 　냄비에 냉동 밀키트와 물, 코인 육수를 넣고 끓입니다.
　　냉동 재료가 해동되도록 초반에는 뚜껑을 닫고 끓여주세요. 물과 코인 육수 대신 멸치 다시마 국물 300ml로 대체할 수 있습니다.

② 　재료를 풀어주며 끓입니다.

③ 　재료가 모두 익고 국물이 우러나면 완성입니다.

밀키트 조리

Tip. 물 양(1인분=약 300ml, 2인분=약 550ml)은 재료 상태나 기호에 따라 달라질 수 있습니다. 조리 중 부족하다 싶으면 약간씩 추가하세요.

비조리 후 ▶▶▶ 냉동

미소된장국

밀키트 재료 건미역 약간(⅓큰술), 팽이버섯 30g, 쪽파 ¼대, 두부 50g

밀키트 양념 미소 된장 1큰술

3개월 보관가능

밀키트 만들기

① 두부는 키친타월로 물기를 제거한 뒤 작게 썰고, 미역은 깨끗이 씻어 10분 이상 불린 뒤 작게 썰고, 팽이버섯은 씻어서 물기를 제거한 뒤 잘게 썰어주세요. 쪽파는 송송 썰어줍니다.

② 미소 된장에 미역, 팽이버섯, 쪽파를 넣고 섞어줍니다.

③ 용기에 (2), 두부를 담아줍니다.

조리 시 재료 물 300ml

① 냄비에 물과 냉동 밀키트를 넣고 끓여주세요.
② 끓어오르면 완성입니다.

밀키트
조리

Tip. 물 양(1인분=약 300ml, 2인분=약 550ml)은 재료 상태나 기호에 따라 달라질 수 있습니다. 조리 중 부족하다 싶으면 약간씩 추가하세요.

반조리 후 ▶▶▶ 냉동

소고기뭇국

밀키트 재료 국거리용 소고기 100g, 무 150g, 대파 ¼대, 국간장 ½큰술, 다진 마늘 1작은술, 참기름 약간, 식용유 약간

2~3개월 보관 가능

밀키트 만들기

① 소고기는 키친타월로 눌러 핏기를 제거합니다.

② 무는 0.5cm 두께로 나박 썰고 대파는 어슷 썰어줍니다.

③ 팬에 참기름과 식용유를 약간씩 두르고 소고기를 볶아주세요.

④ 고기의 붉은 기가 없어지면 국간장과 무, 다진 마늘을 넣고 같이 볶아줍니다.

⑤ 무가 반쯤 투명해지면 불을 꺼주세요.

⑥ 용기에 볶은 재료와 대파를 담아줍니다.

조리 시 재료 물 400ml, 멸치 코인 육수 1개, 소금 또는 멸치액젓 약간, 후춧가루 약간

밀키트 조리

① 냄비에 냉동 밀키트와 물, 코인 육수를 넣고 끓입니다.
  냉동 재료가 해동되도록 초반에는 뚜껑을 닫고 끓여주세요. 물과 코인 육수 대신 멸치 다시마 국물 400ml로 대체할 수 있습니다.

② 거품을 걷어내며 끓여주세요.

③ 물이 부족하면 보충하면서 국물이 충분히 우러나도록 끓입니다.

④ 부족한 간은 소금이나 멸치액젓으로 맞춰주고 한소끔 더 끓인 뒤 후춧가루를 뿌려 완성합니다.

Tip. 물 양(1인분=약 400ml, 2인분=약 700ml)은 재료 상태나 기호에 따라 달라질 수 있습니다. 조리 중 부족하다 싶으면 약간씩 추가하세요.

반조리 후 ▶▶▶ 냉동

황태국

밀키트 재료 황태포 30g, 무 70g, 두부 50g(⅛모), 대파 ¼대, 식용유 약간, 참기름 약간

밀키트 양념 다진 마늘 1작은술, 국간장 ½큰술

2~3개월 보관 가능

밀키트 만들기

① 황태포는 물에 담가 1분 정도 불린 뒤 물기를 짜서 준비합니다.

② 무는 나박 썰고, 대파는 어슷 썰고, 두부는 키친타월로 물기를 제거한 뒤 작게 깍둑 썰어주세요.

③ 팬에 식용유와 참기름을 약간씩 두르고 황태를 중약불에 볶아줍니다.

④ 황태가 살짝 부드러워지면 무와 국간장, 다진 마늘을 넣고 볶아줍니다.

⑤ 용기에 볶은 황태와 무, 나머지 재료를 구역을 나누어 담아줍니다.

조리 시 재료   물 400m , 멸치 코인 육수 1개, 콩나물 ½줌(선택), 달걀 1개(선택), 소금 약간, 후춧가루 약간

①   **냄비에 냉동 밀키트와 물, 코인 육수를 넣고 끓입니다.**
냉동 재료가 해동되도록 초반에는 뚜껑을 닫고 끓여주세요. 물과 코인 육수 대신 멸치 다시마 국물 400ml로 대체할 수 있습니다.

②   **육수가 우러나도록 중약불에 충분히 끓입니다.**
콩나물을 넣으면 국물이 더욱 시원하고 개운해집니다.

③   **입맛에 맞게 소금과 후춧가루를 뿌린 뒤 한소끔 끓여주면 완성입니다.**
완성 직전에 달걀을 풀어 넣으면 더욱 부드럽고 고소하게 먹을 수 있어요.

Tip. 물 양(1인분=약 400ml, 2인분=약 700ml)은 재료 상태나 기호에 따라 달라질 수 있습니다. 조리 중 부족하다 싶으면 약간씩 추가하세요.

반조리 후 ▶▶▶ 냉동

오징어뭇국

밀키트 재료 오징어 ½마리, 무 1줌(150g), 대파 ¼대, 청양고추 ½개(선택), 홍고추 ½개(선택), 들기름 약간

밀키트 양념 국간장 ½큰술, 다진 마늘 ½큰술

2~3개월 보관 가능

밀키트 만들기

① 손질한 오징어를 폭 2cm 정도로 자르고, 대파와 고추는 어슷 썰어 준비하고, 무는 나박 썰기 합니다.

③ 팬에 들기름을 두르고 무와 국간장을 넣고 무가 반투명해질 때까지 볶아줍니다.

④ 용기에 오징어와 볶은 무, 대파, 고추, 다진 마늘을 구역을 나누어 담아줍니다.
오징어는 종이 포일이나 랩으로 구분해 담아주세요.

| 조리 시 재료 | 물 400ml, 멸치 코인 육수 1개, 소금 약간(선택), 후춧가루 약간(선택) |

① 냄비에 냉동 밀키트와 물, 코인 육수를 넣고 끓입니다.
   냉동 재료˙ 해동되도록 초반에는 뚜껑을 닫고 끓여주세요. 물과 코인 육수 대신 멸치 다시마 국물 400ml로 대체할 수 있습니다.

② 재료가 충분히 우러나도록 끓여주세요.

③ 무가 투명하게 익으면 완성입니다.

④ 기호에 따라 소금, 후츳가루로 간을 맞춥니다.

Tip. 물 양(1인분=약 400㎖, 2인분=약 700㎖)은 재료 상태나 기호에 따라 달라질 수 있습니다. 조리 중 부족하다 싶으던 약간씩 추가하세요.

비조리 후 ▶▶▶ 냉동   밀키트 재료   어묵 2장, 무(흰 부분) 80g, 대파 ¼대, 청양고추 1개, 홍고추 ½개

어묵탕

1~2개월 보관 가능

밀키트 만들기

① 무는 나박 썰고, 어묵은 먹기 좋은 크기로 썰고, 대파와 고추는 송송 썰어주세요.
② 용기에 손질한 재료를 구역을 나누어 담아줍니다

조리 시 재료   물 400ml, 멸치 코인 육수 1개, 참치액 ½큰술

① 냄비에 물, 코인 육수를 넣고 끓입니다.
물과 코인 육수 대신 멸치 다시마 국물 400ml로 대체할 수 있습니다.

② 끓어오르면 냉동 밀키트와 참치액을 넣고 중간 불에 끓입니다.
냉동 재료가 해동되도록 초반에는 뚜껑을 닫고 끓여주세요.

③ 재료가 모두 익고 국물이 우러나면 완성입니다.

밀키트 조리

Tip. 물 양(1인분=약 400ml, 2인분=약 700ml)은 재료 상태나 기호에 따라 달라질 수 있습니다. 조리 중 부족하다 싶으면 약간씩 추가하세요.

반조리 후 ▶▶▶ 냉동

맑은 콩나물국

2~3개월 보관 가능

밀키트 재료   콩나물 1줌(100g), 대파 ½대, 홍고추 ½개, 청양고추 ½개, 소금 약간
밀키트 양념   새우젓 ⅓큰술

※ 콩나물은 냉동시키면 얇고 질겨져요. 아래와 같은 방법으로 냉동하면 식감 변화가 최소화됩니다.

밀키트 만들기

① 콩나물은 깨끗이 씻은 뒤 소금을 약간 넣고 끓는 물에 2~3분간 데칩니다.
  뚜껑을 열고 데쳐야 콩나물 비린내가 안 나요.

② 데친 콩나물은 찬물에 헹궈 물기를 제거하세요.

③ 대파, 홍고추, 청양고추는 어슷 썰어 준비합니다.

④ 용기에 콩나물을 깔고 콩나물 삶은 물도 ½컵 정도 자작하게 부어줍니다.

⑤ 그 위에 나머지 재료와 새우젓을 올립니다

조리 시 재료 물 400ml, 멸치 코인 육수 1개, 소금 약간

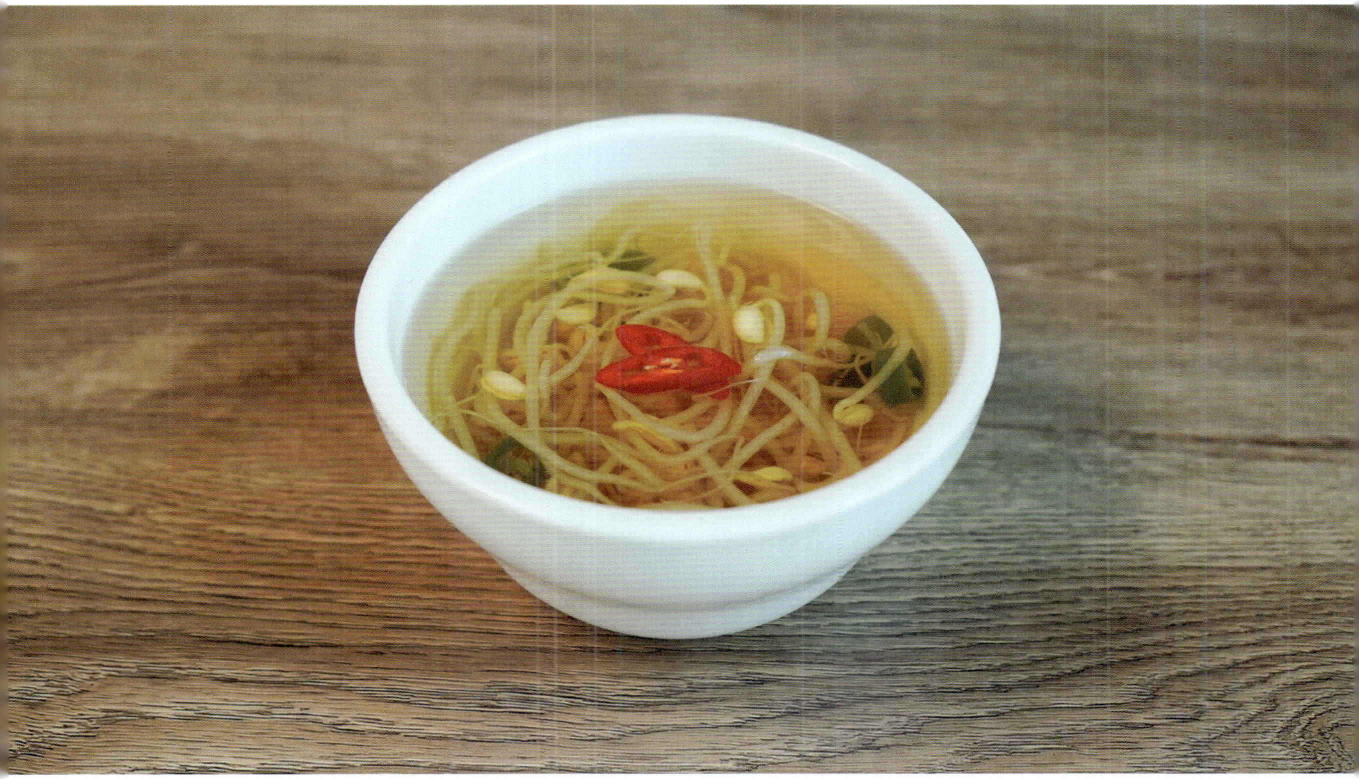

① 냄비에 냉동 밀키트와 물, 코인 육수를 넣고 끓입니다.

물과 코인 육수 대신 멸치 다시마 육수 400ml로 대체 할 수 있습니다.

밀키트 조리

② 소금으로 간해 완성합니다.

뚜껑을 열고 끓여야 콩나물 비린내가 나지 않아요.

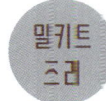

Tip. 물 양(1인분=약 400ml, 2인분=약 700ml)은 재료 상태나 기호에 따라 달라질 수 있습니다. 조리 중 부족하다 싶으면 약간씩 추가하세요.

비조리 후 ▶▶▶ 냉동

순댓국

밀키트 재료 순대 200g, 부추 1줌, 대파 ¼대

밀키트 양념 고춧가루 ½큰술, 국간장 ½작은술, 새우젓 1작은술, 다진 마늘 1작은술, 후춧가루 약간, 다진 청양고추 1작은술(선택)

2~3개월 보관 가능

밀키트 만들기

① 순대는 3cm 정도로 두툼하게 썰어줍니다.
두껍게 썰어야 조리 시 터지지 않아요.

② 부추는 2~3cm 길이로 썰고 대파는 송송 썰어주세요.

③ 분량의 양념 재료를 섞어 다대기를 만들어줍니다.

④ 용기에 순대와 다대기를 담아줍니다.

⑤ 다른 용기에 부추와 파를 담아줍니다.
한 용기에 순대를 랩으로 싸서 담아도 됩니다.

| 조리 시 재료 | 사골 육수 400ml, 들깻가루 약간(선택), 새우젓 약간(선택), 소금 약간(선택) |

①   순대만 냉장고에 넣어 해동합니다.
순대는 완전히 해동한 뒤 조리해야 터지는 것을 최소화할 수 있어요.

②   냄비에 육수를 넣고 끓어오르면 순대를 넣습니다.

③   순대가 익으면 냉동한 부추, 대파, 다대기를 넣고 한소끔 끓여주세요. 다대기는 기호에 따라 양을 조절하면 됩니다.
취향에 따라 들깻가루를 넣으면 더욱 맛있습니다. 간이 부족하면 새우젓이나 소금으로 부족한 간을 맞춰주세요.

Tip. 물 양(1인분=약 400㎖, 2인분=약 700㎖)은 재료 상태나 기호에 따라 달라질 수 있습니다. 조리 중 부족하다 싶으면 약간씩 추가하세요.

반조리 후 ▶▶▶ 냉동

감자탕

2~3개월 보관 가능

밀키트 재료 돼지고기 앞다리 살(수육용) 150g, 데친 시래기 1줌, 감자(중) 1개, 대파 ½대, 양파 ¼개, 청양고추 ½개(선택), 맛술 1큰술, 홍고추 ½개(선택), 월계수 약간(선택), 통후추 약간(선택)

밀키트 양념 된장 1큰술, 고추장 ½큰술, 고춧가루 1 + ½큰술, 다진 마늘 1작은술, 다진 생강 1작은술(선택)

밀키트 만들기

① 돼지고기는 큼직하게 썰고, 감자와 양파는 숭덩숭덩 썰고, 대파는 두껍게 어슷 썰어주세요. 고추도 어슷 썰어주세요.

② 감자는 전자레인지용 찜기에 넣고 2~3분 정도 쪄줍니다.

③ 냄비에 고기, 맛술을 넣고 고기가 잠길 만큼 물을 넣어 중약불에서 30~40분간 끓여주세요. 월계수 잎이나 통후추를 넣으면 잡내 제거에 도움이 돼요.

④ 삶은 고기는 결대로 찢고 데친 시래기에 분량의 양념 재료를 넣고 버무려줍니다.

⑤ 용기에 결대로 찢은 고기와 (3)의 고기 삶은 육수를 자작하게 부어줍니다.

⑥ 그 위에 양념을 버무린 시래기와 손질한 채소를 올립니다.

| 조리 시 재료 | 사골 육수 300~400ml, 깻잎 2~3장, 들깻가루 1~2큰술(선택) |

①   냄비에 냉동 밀키트와 사골 육수를 넣고 끓입니다.
  냉동 재료가 해동되도록 초반에는 뚜껑을 닫고 끓여주세요.

②   재료를 잘 풀어가며 끓여주세요.

③   재료가 익고 국물이 우러나면 깻잎을 넣어줍니다.

④   기호에 맞게 들깻가루를 뿌린 뒤 한소끔 끓여 완성합니다.
  마지막에 소고기 다시다를 ½작은술 정도 넣으면 식당 맛이 납니다.

Tip. 물 양(1인분=약 40Cml, 2인분=약 700ml)은 재료 상태나 기호에 따라 달라질 수 있습니다. 조리 중 부족하다 싶으면 약간씩 추가하세요.

반조리 후 ▶▶▶ 냉동

차돌박이 육개장

2~3개월 보관 가능

밀키트 재료 차돌박이 100g, 대파 ½대, 삶은 고사리 30g(다른 나물로 대체 가능), 느타리버섯 30g, 숙주 ½줌, 고추 ½개

밀키트 양념 고춧가루 1큰술, 다진 마늘 ½큰술, 후춧가루 약간

밀키트 만들기

① 느타리버섯은 밑동을 잘라낸 뒤 먹기 좋게 자르고, 대파는 반으로 갈라 4cm 길이로 썰어줍니다. 숙주는 깨끗이 씻어서 물기를 제거해 준비합니다.

② 팬에 차돌박이를 넣고 후춧가루를 뿌린 뒤 중간 불에서 볶아줍니다.

③ 차돌박이의 붉은 기가 없어지면 약한 불로 줄인 뒤 대파와 고춧가루를 넣고 파기름 만들 듯 볶아줍니다.

④ 볶은 재료를 한 김 식혀줍니다.

⑤ 용기에 볶은 차돌박이와 삶은 고사리, 어슷 썬 고추, 다진 마늘, 손질한 느타리버섯과 숙주를 구역을 나누어 담아줍니다.

조리 시 재료 사골 육수 200ml, 물 200m, 참치액 ½큰술

① 냄비에 육수와 물, 냉동 밀키트를 넣고 끓입니다.
냉동 재료가 해동되도록 초반에는 뚜껑을 닫고 끓여주세요. 육수와 물은 사골 코인 육수 1개와 물 400ml로 대체할 수 있습니다.

② 재료를 잘 풀어가며 끓여주세요.

③ 재료가 익을 때까지 끓여 참치액으로 간해준 뒤 완성합니다.

Tip. 숙주는 냉동하지 않고 냉장 재료로 준비해, 먹기 직전에 넣고 한소끔 끓이면 아삭한 식감을 살릴 수 있어요.
Tip. 물 양(1인분=사골 육수 200ml + 물 200ml, 2인분=사골 육수 400ml + 물 300ml)은 재료 상태나 기호에 따라 달라질 수 있습니다. 조리 중 부족하다 싶으면 약간씩 추가하세요.

비조리 후 ▶▶▶ 냉동

간편 해물탕

2~3개월 보관 가능

밀키트 재료	냉동 해물 믹스(오징어, 새우, 홍합, 바지락 등) 150g, 무 80g, 양파 ¼개, 배추 1장, 버섯(느타리버섯, 팽이버섯) 약간, 대파 ¼대, 청양고추 ½개, 두부 ⅙모
밀키트 양념	고춧가루 1큰술, 고추장 1작은술, 국간장 1큰술, 맛술 또는 청주 1큰술, 다진 마늘 1큰술, 다진 생강 1작은술, 후춧가루 약간

밀키트 만들기

① 무는 나박 썰고, 양파는 굵게 채 썰고, 배추는 먹기 좋은 크기로 썰고, 버섯은 밑동을 잘라낸 뒤 먹기 좋은 크기로 찢어주세요. 청양고추와 대파는 어슷 썰고, 두부는 작게 깍둑 썰어주세요.

② 분량의 재료를 섞어 양념장을 만들어둡니다.

③ 용기에 해물 믹스와 손질한 채소를 구역을 나누어 담아줍니다.
해물은 종이 포일이나 랩 등으로 분리해주세요.

④ 같은 용기에 섞어둔 양념장을 올립니다.
냉동 해물 믹스를 생물로 대체해도 좋습니다.

조리 시 재료 물 400ml, 멸치 코인 육수 1개, 미나리 또는 쑥갓 약간(선택)

① 냄비에 냉동 밀키트와 물, 코인 육수를 넣고 끓입니다.
냉동 재료가 해동되도록 초반에는 뚜껑을 닫고 끓여주세요. 물과 코인 육수 대신 멸치 다시마 국물 400ml로 대체할 수 있습니다.

② 재료와 양념을 잘 풀어가며 끓여줍니다.

③ 재료가 익고 국물이 충분히 우러나면 완성입니다.

④ 미나리와 쑥갓 같은 향 채소를 마지막에 넣어 먹으면 더욱 맛있습니다.

Tip. 물 양(1인분=약 400㎖, 2인분=약 700㎖)은 재료 상태나 기호에 따라 달라질 수 있습니다. 조리 중 부족하다 싶으면 약간씩 추가하세요.

비조리 후 ▶▶▶ 냉동   **밀키트 재료**   냉동 차돌 양지 100g, 배추 크게 1줌, 숙주 크게 1줌, 청경채 1개, 표고버섯 2개, 팽이버섯 15g, 느타리버섯 15g, 유부 20g, 칼국수 면 ½인분(선택)

샤부샤부
(+ 스키야키로 먹는 법)

2~3개월 보관 가능

밀키트 만들기

① 배춧잎은 2~3cm 정도로 자르고, 청경채는 한 잎씩 떼어줍니다. 숙주는 물기를 제거하고, 팽이버섯과 느타리버섯은 밑동을 제거해 먹기 좋게 가르고, 표고버섯은 편 썰고 유부는 가늘게 잘라주세요.

② 소고기와 손질한 채소는 구역을 나누어 용기에 담아줍니다.
소고기만 다른 용기에 담아도 좋습니다. 돌돌말이 냉동 차돌 양지를 사용하면 따로 해동하지 않아도 하나씩 잘 떼어져 편리합니다.

③ 냉동 칼국수 면도 함께 준비해줍니다.

조리 시 재료	물 400ml, 멸치 코인 육수 1~2개, 쯔유 1큰술, 다진 마늘 1+½큰술
	Tip. 물 양(1인분=약 400ml, 2인분=약 700ml)은 재료 상태나 기호에 따라 달라질 수 있습니 다. 조리 중 부족하다 싶으면 약간씩 추가하세요.
유자폰즈소스 재료	유자청 2~3큰술, 다진 마늘 ½큰술, 맛술 1큰술, 레몬즙 1큰술, 진간장 3큰술

① 냄비에 물, 코인 육수와 쯔유, 다진 마늘을 넣고 끓입니다.
　　물과 코인 육수 대신 멸치 다시마 국물 400ml로 대체할 수 있습니다.

② 육수가 끓어오르면 냉동 밀키트를 넣고 끓입니다.

③ 재료가 익으면 유자폰즈소스에 찍어서 먹으면 됩니다.

④ 샤부샤부를 먹고 난 뒤 남은 육수에 칼국수 면을 삶아주세요.

밀키트 조리

* **스키야키로 먹는 방법**

· **재료** 멸치 다시마 국물 400ml(물 + 코인 육수 1개), 달걀 1개 · **스키야키소스** 간장 2큰술, 설탕 1큰술, 맛술 1큰술

· **과정** 냄비에 스키야키소스, 육수 ½컵을 일부만 부어 자작하게 끓입니다. ⋯➔ 끓어오르면 냉동 밀키트를 넣고 재료가 익을 때까지 끓이다 생달걀을 풀어 찍어서 먹습니다. ※ 신선한 달걀을 사용하세요. 육수를 추가해가며 간을 조절해주세요.

반조리 후 ▶▶▶ 냉동

불고기전골

밀키트 재료 불고기용 소고기 150g, 당면 40g, 표고버섯 1개, 느타리버섯 ½줌, 팽이버섯 1줌(30g), 양파 ¼개, 당근 약간, 대파 ½대

밀키트 불고기 양념 양파 ⅙개, 갈아 만든 배 음료 60ml, 간장 1+½큰술, 설탕 ½큰술, 참기름 ½큰술, 다진 마늘 ½큰술, 맛술 2작은술, 후춧가루 약간

2~3개월보관가능

밀키트 만들기

① 소고기는 키친타월로 꾹꾹 눌러 핏기를 제거합니다.

② 당면은 찬물에 15~30분 정도 불려줍니다.

③ 불고기 양념 재료 중 양파는 강판에 갈고, 나머지를 모두 넣어 섞어줍니다.

④ ⑶에 소고기를 넣고 조물조물 무쳐준 뒤 냉장고에서 30분 정도 재워둡니다.

⑤ 표고버섯은 편 썰고 느타리버섯과 팽이버섯은 밑동을 잘라내고 먹기 좋은 크기로 갈라주세요. 당근과 양파는 채 썰고 대파는 반으로 갈라 길게 썰어주세요.

⑥ 재워둔 소고기를 용기에 담습니다.

⑦ 불린 당면과 나머지 손질한 재료를 다른 용기에 담습니다.

조리 시 재료   물 150ml, 멸치 코인 육수 1개, 간장 약간(선택), 통깨 약간

밀키트
조리

① 불고기만 냉장고에 넣어 해동합니다.
② 냄비에 냉동 밀키트와 해동한 불고기, 물, 코인 육수를 넣고 끓입니다.
　　냉동 재료가 해동될 수 있도록 초반에는 뚜껑을 닫고 끓여주세요. 물과 코인 육수 대신 멸치 다시마 국물 150ml로 대체할 수 있습니다.
③ 재료를 잘 풀어가며 끓이다 당면이 반 정도 익으면 해동한 불고기를 넣고 끓입니다.
④ 소고기가 너무 질겨지지 않도록 적당히 익으면 불을 꺼주세요.
⑤ 간이 부족하다면 간장으로 맞춰주세요. 마지막에 통깨를 뿌려 마무리합니다.

Tip. 물 양(1인분=약 150ml, 2인분=약 250ml)은 재료 상태나 기호에 따라 달라질 수 있습니다. 조리 중 부족하다 싶으면 약간씩 추가하세요.

반조리 후 ▶▶▶ 냉동

낙곱새

밀키트 재료 낙지(소) 1마리(100g), 곱창 또는 막창 60g, 새우 50g, 양배추 1줌, 부추 ½줌, 깻잎 1~2장, 양파 ¼개, 대파 ¼대, 청주 또는 맛술 약간

밀키트 양념 고추장 1작은술, 고춧가루 ½큰술, 간장 1작은술, 청주 1작은술, 참치액 ½작은술, 다진 마늘 ½작은술, 다진 생강 ¼작은술, 후춧가루 약간

2~3개월 보관 가능

밀키트 만들기

① 낙지는 깨끗이 씻어 손질한 뒤 물기를 제거하고 먹기 좋은 크기로 잘라줍니다.

② 곱창, 막창은 잡내를 제거하기 위해 청주나 맛술을 뿌려 버무려서 준비합니다.

③ 양배추는 먹기 좋은 크기로 썰고, 부추는 3~4cm 정도로 썰고, 양파와 깻잎은 굵게 채 썰고, 대파는 어슷 썰어주세요. 그런 다음 분량의 양념 재료를 섞습니다.

④ 낙지와 곱창, 새우를 용기에 담고, 손질한 채소와 양념은 다른 용기에 담아주세요.

* **낙지 손질법** 낙지 머리 안쪽을 가위로 잘라 내장을 꺼냅니다. 이때 내장이 터지지 않도록 주의하세요. 머리 아래쪽 양쪽 눈을 가위로 잘라내고, 다리 가운데에 있는 입(주둥이)을 손으로 빼냅니다. 밀가루 또는 굵은소금을 1~2큰술 넣고 낙지를 문질러 점액질을 제거한 뒤, 흐르는 물에 여러 번 헹궈 깨끗이 씻어주세요.

조리 시 재료　　　물 200ml

밀키트
조리

① 　낙지, 새우 곱창은 냉장고에 넣어 해동합니다.

② 　팬에 (1)의 해동한 재료와 냉동 밀키트, 물을 넣고 끓입니다.
　　냉동 재료가 해동될 수 있도록 초반에는 뚜껑을 닫고 끓여주세요.

③ 　재료를 잘 풀어가며 끓입니다.

④ 　재료가 잘 익고 양념이 적당히 졸아들면 완성입니다.
　　깻잎은 냉동하지 않고 냉장 재료로 준비해 마지막에 넣어 섞어주면 더욱 향긋하게 먹
　　을 수 있습니다.

Tip. 물 양(1인분=약 200ml, 2인분=약 350ml)은 재료 상태나 기호에 따라 달라질 수 있습니다. 조리 중 부족하다 싶으면 약간씩 추가하세요.

비조리 후 ▶▶▶ 냉동

모쓰나베

밀키트 재료 대창 150g, 양배추 2줌, 부추 30g, 팽이버섯 약간, 표고버섯 1개, 두부 ⅙모, 마늘 1톨, 생강 약간(선택), 통후추 약간(선택)

밀키트 양념 미소 된장 1큰술, 쯔유 2큰술, 다진 마늘 ½큰술, 맛술 1큰술, 다진 생강 1작은술

2~3개월 보관 가능

밀키트 만들기

① 대창은 찬물에 2~3번 헹군 뒤 가위로 2~3cm 길이로 잘라줍니다.

② 자른 대창을 끓는 물에 3분 내외로 데칩니다.
   데칠 때 다진 생강과 통후추를 넣으면 잡내 제거에 도움이 됩니다.

③ 양배추와 두부는 먹기 좋은 크기로 썰고 부추는 3~4cm 정도 길이로 썰어주세요.
   팽이버섯은 밑동을 잘라내고 먹기 좋게 갈라주고 표고버섯과 마늘은 편 썹니다.

④ 데친 대창은 종이 포일이나 별도의 용기로 분리해서 담아줍니다.

⑤ 분량의 재료로 만든 양념장과 부추는 별도의 용기에 각각 담습니다.

⑥ 나머지 손질한 재료들은 하나의 용기에 담습니다.

조리 시 재료   사골 육수 400ml

① 전골 팬에 부추를 제외한 냉동 밀키트, 육수, 양념을 넣고 끓입니다.
   냉동 재료가 해동되도록 초반에는 뚜껑을 닫고 끓여주세요.

② 재료를 잘 풀어가며 끓입니다.

③ 재료가 모두 익고 국물이 우러나면 부추를 넣고 한소끔 끓여주면 완성됩니다.
   모쓰나베는 국물보다는 건더기를 건져 먹는 요리라서 국물은 약간 짠 듯하게 조리해야 양념이 잘 배어들어 맛있습니다. 칼칼하게 먹으려면 페페론치노나 고춧가루, 청양고추 등을 추가해도 좋아요.

Tip. 육수 양(1인분=약 400ml, 2인분=약 700ml)은 재료 상태나 기호에 따라 달라질 수 있습니다. 조리 중 부족하다 싶으면 약간씩 추가하세요.

비조리 후 ▶▶▶ 냉동

마라탕

밀키트 재료 대패 삼겹살 100g, 소시지 3~5개, 배추 50g, 푸주 50g, 옥수수 면 50g, 청경채 1개, 표고버섯(또는 느타리버섯, 목이버섯) 30g, 팽이버섯 약간, 숙주 30g, 대파 약간

밀키트 양념 시판용 마라탕소스 1인분 분량

1~2개월 보관 가능

밀키트 만들기

① 푸주와 옥수수 면은 물에 30분 이상 불린 뒤 물기를 제거합니다.

② 소시지는 먹기 좋게 잘라 칼집을 내고, 배추는 먹기 좋은 크기로 숭덩숭덩 잘라주세요. 표고버섯은 채 썰고, 팽이버섯과 청경채는 밑동을 약간 잘라 먹기 좋게 자르고, 대파는 어슷 썰어주세요.
숙주는 세척 후 별다른 손질이 필요 없습니다.

③ 용기에 대패 삼겹살과 손질한 재료, 불린 푸주와 옥수수 면을 구역을 나누어 담아줍니다.
대패 삼겹살만 다른 용기에 분리해서 담아도 좋습니다.

조리 시 재료 사골 육수 400ml

① 냄비에 냉등 밀키트 재료와 사골 육수를 넣고 끓입니다
　　냉동된 재료가 해동될 수 있도록 초반에는 뚜껑을 닫고 끓여주세요.
② 국물이 끓어오르고 재료가 잘 풀어지면 마라소스를 넣어줍니다.
③ 재료가 모드 익고 국물이 우러나면 완성입니다.

밀키트
조리

Tip. 숙주는 꼭 냉동하지 않고 냉장 재료로 준비해서, 마지막에 넣어 한소끔만 끓이면 조금 더 아삭한 식감으로 즐길 수 있습니다.

Tip. 육수 양(1인분=약 400ml, 2인분=약 700ml)은 재료 상태나 기호에 따라 달라질 수 있습니다. 조리 중 부족하다 싶으면 약간씩 추가하세요.

반조리 후 ▶▶▶ 냉동   **밀키트 재료**   신 김치 1컵(200g), 김칫국물 2큰술, 부침가루 ½컵, 물 ⅓컵, 대파 ¼대

김치전큐브

3개월 보관 가능

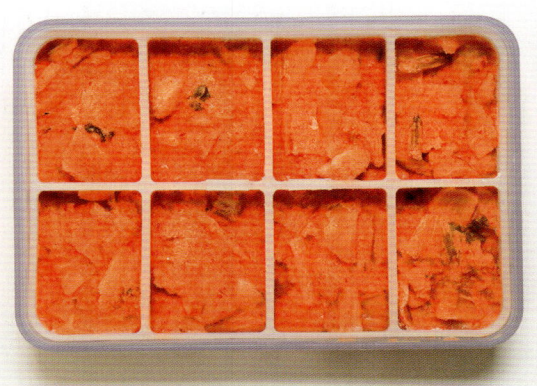

밀키트 만들기

① 김치는 작게 썰고 대파는 얇게 송송 썰어줍니다.

② 큰 볼에 부침가루와 물을 넣고 잘 섞어줍니다.

③ (2)의 반죽에 김치와 김칫국물, 대파를 넣고 잘 섞어줍니다.
주르륵 흘러내리는 농도가 적당합니다.

④ 소분해서 큐브 용기에 넣습니다.
실리콘 재질 이유식 큐브나 얼음 큐브를 사용하면 꺼내 쓰기 좋습니다.

조리 시 재료   식용유 약간

①   팬에 기름을 두르고 약한 불에 달궈주세요.

②   큐브를 넣고 노릇하게 부쳐주세요.
         해동하지 않고 조리할 때는 처음에 뚜껑을 닫고 약한 불에 녹인 후 중간중간 누르면서 모양을 잡아가며 부쳐주세요.

밀키트 조리

반조리 후 ▶▶▶ 냉동

해물부추전 큐브

밀키트 재료 오징어 또는 새우 약간(약 50g), 부추 1줌(50g), 부침가루 ½컵, 물 ½컵 (약간 넘게, 약 110ml)

2~3개월 보관 가능

밀키트 만들기

① 오징어는 몸통과 다리를 잡아당겨 분리하세요. 몸통 중앙의 투명한 뼈를 제거하고 몸통의 껍질을 벗긴 뒤 먹기 좋은 크기로 잘라주세요.

② 부추는 1~2cm 정도 길이로 잘라줍니다.

③ 큰 볼에 부침가루와 물을 넣고 주르륵 흘러내릴 정도로 잘 섞어주세요.

④ 부추와 오징어(또는 새우)를 (3)의 반죽과 고루 섞고 10분 정도 숙성시키세요.

⑤ 소분해서 큐브 용기에 넣습니다.

실리콘 재질 이유식 큐브나 얼음 큐브를 사용하면 꺼내 쓰기 좋습니다.

조리 시 재료 간장 1큰술, 식초 1큰술, 고춧가루 1작은술, 다진 청양고추 ½개 분량(선택), 식용유 약간

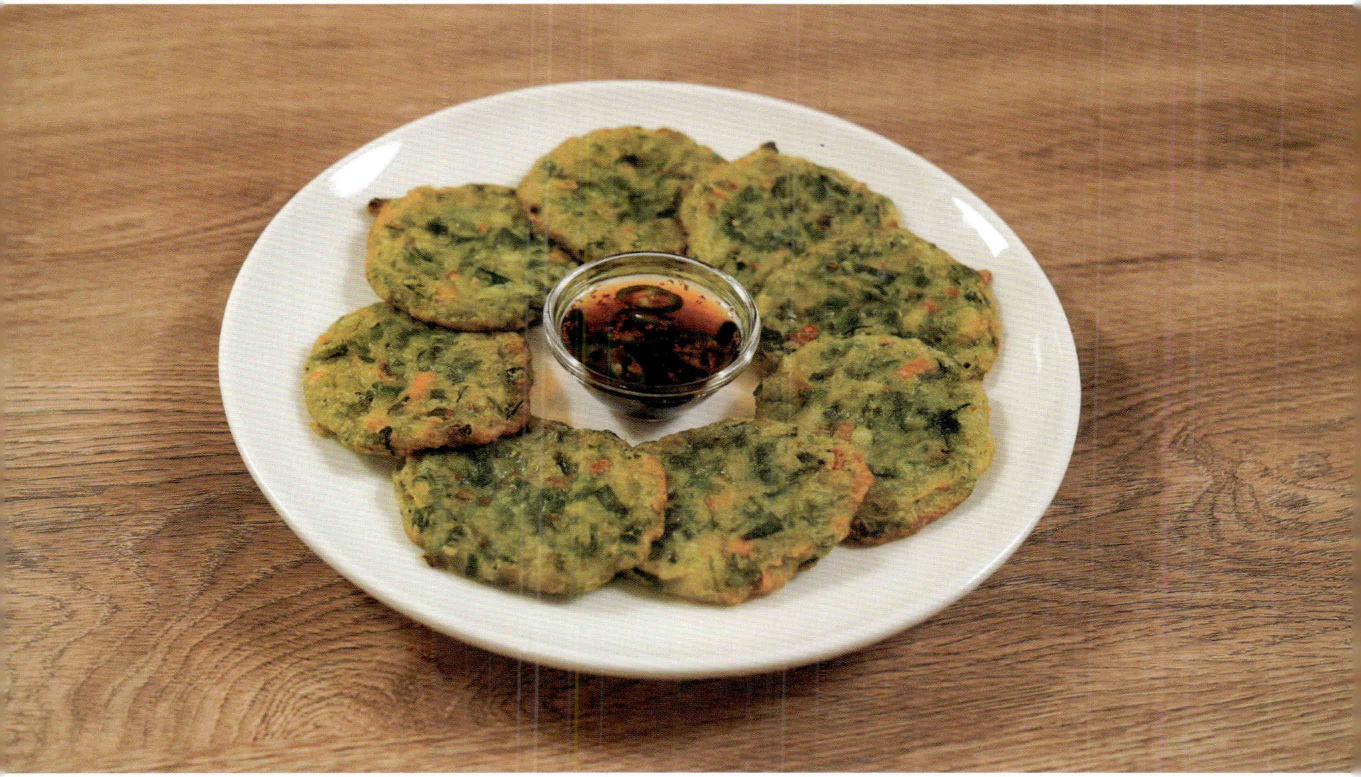

밀키트 조리

① 팬에 기름을 두르고 약한 불에 달궈줍니다.

② 큐브를 넣고 노릇하게 부쳐주세요.

해동하지 않고 조리할 때는 처음에 뚜껑을 닫고 약한 불에 녹인 후 중간중간 누르면서 모양을 잡아가며 부쳐주세요.

③ 간장, 식초, 고춧가루, 다진 청양고추로 양념 간장을 만들어 곁들여 냅니다.

반조리 후 ▶▶▶ 냉동

소불고기

밀키트 재료 불고기용 소고기(얇게 썬 것) 200g, 팽이버섯(또는 표고버섯) 30g, 당근 ⅛개, 양파 ¼개, 대파 ¼대

밀키트 양념 간장 1+½큰술, 설탕 2작은술, 맛술 ½큰술, 다진 마늘 1작은술, 참기름 ½큰술, 후춧가루 약간

2~3개월 보관 가능

밀키트 만들기

① 소고기는 키친타월로 꾹 눌러 핏물을 제거합니다.

② 팽이버섯은 밑동을 제거하고 먹기 좋게 가르고, 당근과 양파는 채 썰고, 대파는 어슷 썰어주세요.

③ 분량의 양념 재료를 섞은 뒤 소고기에 버무립니다.
30분 이상 재우면 더욱 맛있습니다.

④ 양념한 불고기를 용기에 담습니다.

⑤ 손질한 나머지 재료를 다른 용기에 담습니다.

조리 시 재료   식용유 약간, 통깨 약간

①   불고기는 냉장 해동해서 준비합니다.
②   팬에 기름을 약간 두르고 해동한 불고기와 냉동한 채소 밀키트를 넣고 볶습니다.
③   재료가 익으면 통깨를 뿌려 마무리합니다.

밀키트 조리

반조리 후 ▶▶▶ 냉동

제육볶음

밀키트 재료 돼지고기(앞다리 살 또는 대패 삼겹살) 300g, 양파 ¼개, 대파 ½대

밀키트 양념 고추장 1작은술, 간장 2작은술, 고춧가루 1작은술, 굴소스 1작은술, 설탕 2작은술, 다진 마늘 1작은술, 맛술 1작은술

밀키트 만들기

① 양파는 채 썰고 대파는 어슷 썰어줍니다.

② 분량의 양념 재료를 섞어 돼지고기에 버무립니다.

③ 용기에 양념한 돼지고기와 양파, 대파를 구역을 나누어 담습니다.
돼지고기는 종이 포일로 분리해주세요.

조리 시 재료　　식용유 약간, 통깨 약간

① 밀키트를 냉장 해동해 준비합니다.

② 팬에 기름을 약간 두르고 밀키트를 넣고 볶아줍니다.

③ 재료가 익으면 통깨를 뿌려 마무리합니다.

밀키트 조리

반조리 후 ▶▶▶ 냉동

닭갈비

밀키트 재료 닭 다리 살 200g, 양배추 80g, 고구마 ¼개, 대파 ¼대, 떡볶이 떡 약간(선택), 모차렐라 치즈(선택), 당근 약간, 깻잎 2~3장, 맛술 약간, 후춧가루 약간

밀키트 양념 진간장 1큰술, 고춧가루 ½큰술, 고추장 1큰술, 설탕 1큰술, 카레가루 ½큰술, 다진 마늘 ½큰술

2~3개월 보관 가능

밀키트 만들기

① 닭 다리 살은 먹기 좋은 크기로 자른 뒤 잡내를 제거하기 위해 맛술, 후춧가루를 뿌려줍니다.

② 분량의 양념 재료를 섞어 (1)에 버무립니다.

③ 양배추는 먹기 좋은 크기로 썰고, 고구마는 채 썰어주세요. 당근은 얇게 편 썰고 깻잎은 굵게 채 썰고, 대파는 어슷 썰어주세요.

④ (2)의 양념한 닭 다리 살을 용기에 담습니다.

⑤ 다른 용기에 나머지 손질한 재료를 담습니다.
깻잎과 치즈(선택)는 마지막에 따로 넣을 거라 작은 용기나 랩에 싸서 담아줍니다.

조리 시 재료 식용유 약간

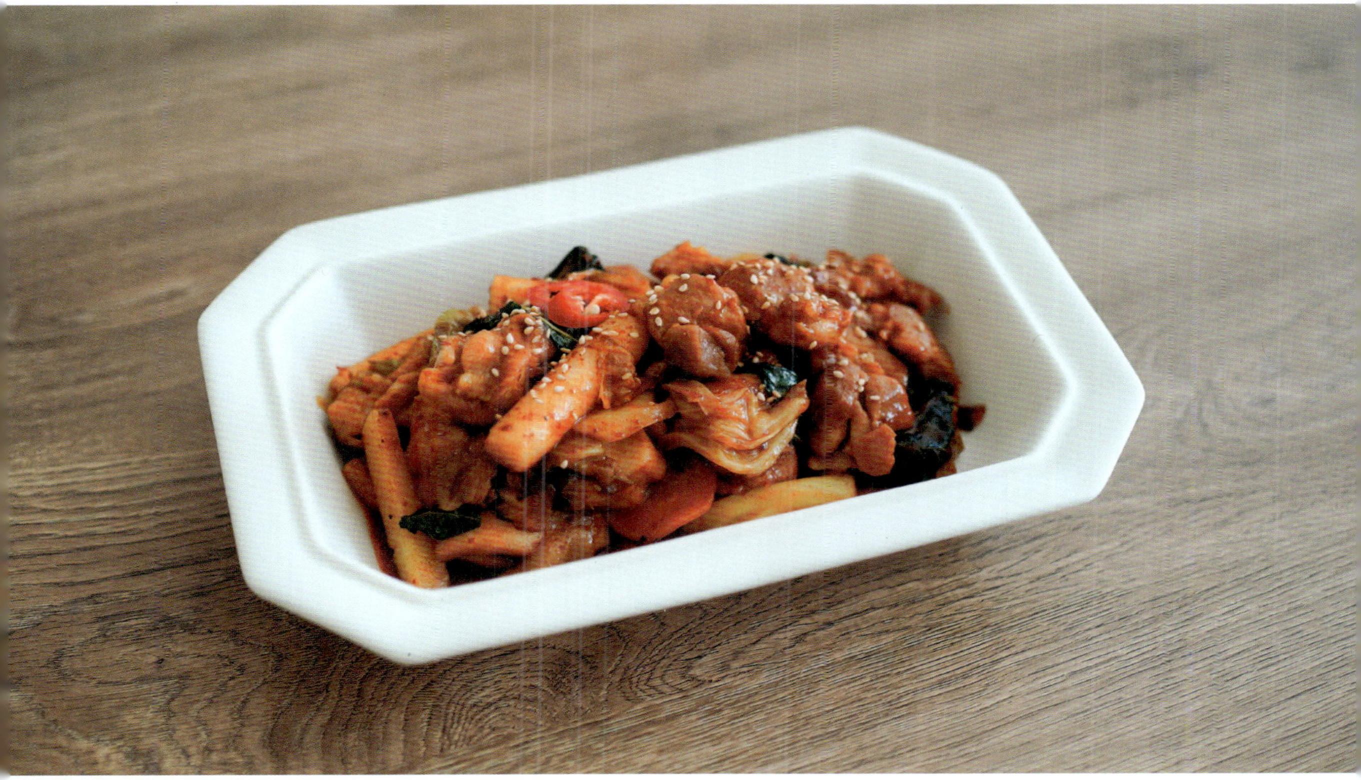

밀키트 조리

① 닭 다리 살만 냉장 해동해 준비합니다.

② 팬에 식용유를 두르고 해동한 닭 다리 살과 냉동한 채소 밀키트(깻잎, 치즈 제외)를 넣고 볶아줍니다.

필요에 따라 물을 약간씩 추가해 촉촉하게 조리해주세요.

③ 재료가 다 익으면 깻잎을 넣고 섞어준 뒤 치즈(선택)를 뿌리고 뚜껑을 덮어 치즈를 녹여 완성합니다.

반조리 후 ▶▶▶ 냉동

순살 닭볶음탕

밀키트 재료 닭 다리 살 200g, 감자 ½개(80g), 당근 ¼개(30g), 양파 ¼개, 대파 ¼대, 청양고추 ½개(선택), 후춧가루 약간, 맛술 ½큰술

밀키트 양념 설탕 ½큰술, 고춧가루 1큰술, 진간장 1+½큰술, 고추장 1작은술, 다진 마늘 1작은술

2~3개월 보관 가능

밀키트 만들기

① 닭 다리 살은 먹기 좋은 크기로 자르고 잡내를 제거하기 위해 맛술, 후춧가루를 뿌립니다.

② 분량의 양념 재료를 섞어 (1)에 버무려둡니다.

③ 감자와 양파는 먹기 좋은 크기로 깍둑 썰고, 당근은 얇게 편 썰고, 대파와 청양고추는 어슷 썰어주세요.
감자는 살짝 데치거나 전자레인지에 돌려 겉만 익혀서 준비하세요.

④ 용기에 양념에 버무려둔 닭 다리 살을 담습니다.

⑤ 다른 용기에 나머지 손질한 재료를 담습니다.

조리 시 재료 통깨 약간

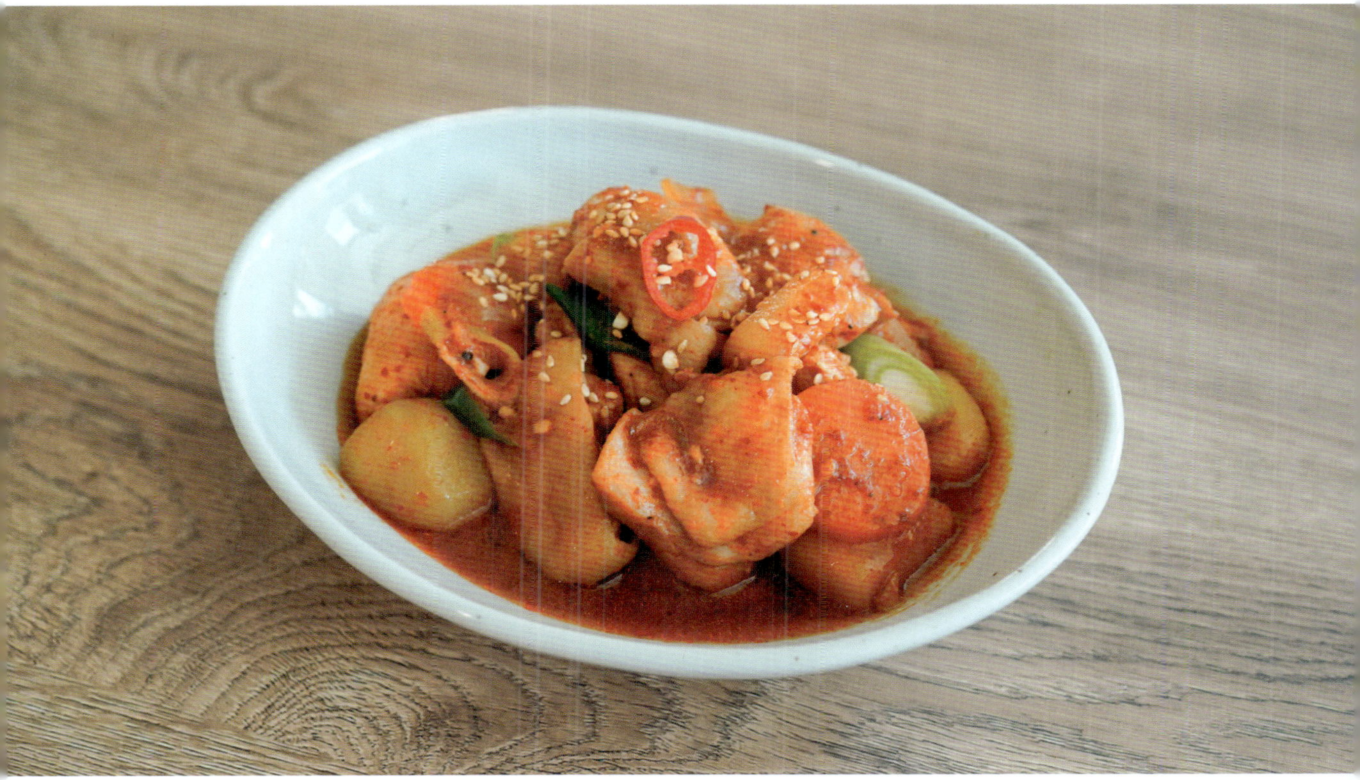

밀키트 조리

① 닭고기만 냉장 해동해 준비합니다.

② 냄비에 닭고기 밀키트와 냉동 채소 밀키트를 넣고 물을 자작하게 부은 뒤 끓여주세요.

③ 떠오르는 거품을 걷어내며 끓입니다.

④ 재료가 다 익으면 통깨를 뿌려 마무리합니다.

반조리 후 ▶▶▶ 냉동

순살찜닭

밀키트 재료 닭 다리 살 200g, 감자 ½개, 당근 ⅙개, 양파 ¼개, 대파 ¼대, 표고버섯 1개, 청양고추 ½개(선택), 당면 20g(선택), 맛술 약간, 후춧가루 약간

밀키트 양념 진간장 2큰술, 굴소스 2작은술, 설탕 1큰술, 다진 생강 1작은술, 다진 마늘 ½큰술, 맛술 ½큰술, 후춧가루 약간

2~3개월보관가능

밀키트 만들기

① 닭 다리 살은 한입 크기로 썰어 맛술, 후춧가루를 뿌려 밑간해둡니다.

② 분량의 양념 재료를 섞어 닭 다리 살과 버무려두고 숙성시킵니다.

③ 당면(선택)은 찬물에 30분 정도 불려주세요.

④ 감자와 당근은 먹기 좋은 크기로 썰고, 양파는 깍둑 썰고, 대파와 청양고추는 어슷 썰어주세요. 표고버섯은 편 썰어주세요.
감자는 살짝 데치거나 전자레인지에 돌려 겉만 익혀서 준비하세요.

⑤ 용기에 (2)의 닭 다리 살을 담고 다른 용기에 나머지 손질한 재료를 담아줍니다.

조리 시 재료   참기름 약간, 통깨 약간

① 닭고기만 냉장 해동해 준비합니다.
② 냄비에 해동한 닭고기와 냉동 밀키트를 넣고 물 1컵 정도를 자작하게 부은 뒤 끓입니다.
③ 떠오르는 거품을 걷어내며 끓입니다.
④ 재료가 다 익으면 참기름, 통깨로 완성합니다.

밀키트 조리

비조리 후 ▶▶▶ 냉동

오징어볶음

밀키트 재료 오징어 1마리(약 150g), 양배추 ⅛개, 당근 ⅙개, 양파 ¼개, 대파 ½대

밀키트 양념 고추장 1큰술, 고춧가루 ½큰술, 간장 ½큰술, 굴소스 ½큰술, 설탕 ½큰술, 참기름 ½큰술, 다진 마늘 ½큰술, 통깨 약간

2~3개월 보관 가능

밀키트 만들기

① 오징어는 몸통과 다리를 잡아당겨 분리하고 몸통 중앙의 투명한 뼈를 제거하세요. 그런 다음 몸통의 껍질을 벗기고 먹기 좋은 크기로 잘라주세요.

② 양배추는 먹기 좋은 크기로 자르고, 당근과 양파는 채 썰고, 대파는 어슷 썰어주세요.

③ 오징어는 종이 포일이나 랩에 넣어서 손질한 채소와 함께 용기에 담아줍니다.

④ 분량의 양념 재료를 섞어 용기에 함께 담아줍니다.

조리 시 재료   식용유 약간, 통깨 약간

①   오징어만 냉장 해동해 준비합니다.
②   팬에 기름을 두르고 해동한 오징어와 나머지 냉동 밀키트를 넣고 볶아주세요.
③   재료가 익으면 완성입니다.
④   불을 끄고 통깨를 뿌려 마무리합니다.

밀키트 조리

조리 후 ▶▶▶ 냉동

닭곰탕

밀키트 재료 닭 다리 2개(200g), 대파 ½대, 양파 ¼개, 마늘 3~4톨, 물 500ml
조리 시간이 길고 조리 후 냉동하므로 대량 조리하는 것을 추천해요.

밀키트 양념 멸치 코인 육수 1개, 치킨 스톡 1작은술

2~3개월 보관 가능

밀키트 만들기

① 대파는 길게 숭덩숭덩 자르고, 양파도 큼직하게 잘라주세요.
② 냄비에 물을 넣고 끓어오르면 닭 다리, 대파, 양파, 마늘을 넣고 끓입니다.
③ 불순물이 떠오르면 걷어내주세요.
④ 코인 육수와 치킨 스톡을 넣고 중약불에 15~20분 정도 뭉근히 끓입니다.
양이 많을 경우 끓이는 시간을 늘려주세요.
⑤ 불을 끄고 대파, 양파, 마늘은 건져내고 닭 다리는 살코기만 발라냅니다.
⑥ 용기에 살코기를 넣고 기름을 걷어낸 육수를 식혀서 부은 뒤 냉동합니다.

조리 시 재료 대파 약간, 소금 약간, 후춧가루 약간

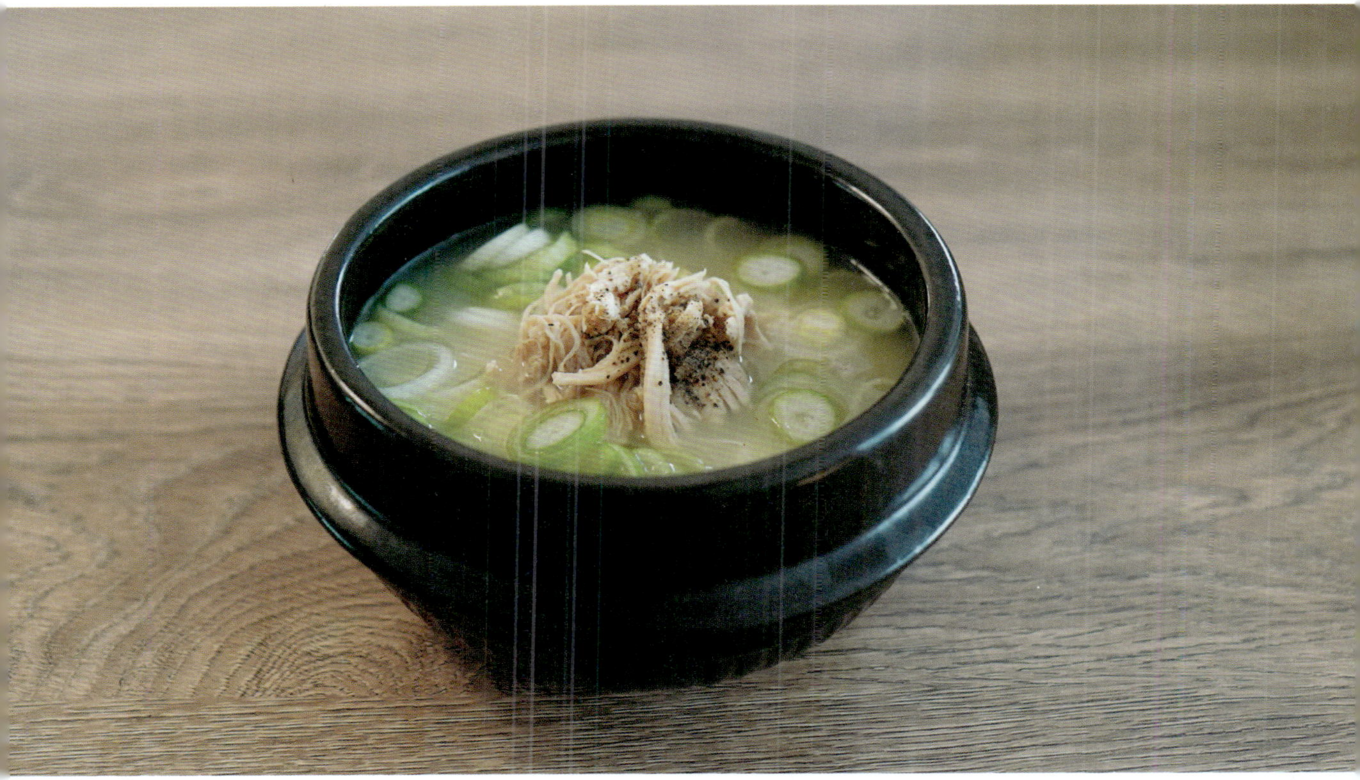

① 냉동 밀키트를 냄비에 넣고 끓여주세요.

② 소금, 후춧가루로 간하고 대파를 송송 썰어 취향껏 올려 먹으면 됩니다.

밀키트 조리

반조리 후 ▶▶▶ 냉동

네가지맛 양념닭

밀키트 재료 닭 다리 살 250g, 소금 약간, 후춧가루 약간

밀키트 양념 **데리야키 맛** 간장 1큰술, 꿀 2작은술, 맛술 1+½큰술 **허니 머스터드 맛** 꿀 1+½큰술, 홀그레인 머스터드 1+½큰술, 다진 마늘 1작은술 **바비큐 맛** 케첩 1+½큰술, 돈가스소스 2작은술, 식초 ⅓큰술, 꿀 1작은술, 다진 마늘 ½큰술 **허니 갈릭 맛** 간장 1+½큰술, 꿀 2큰술, 다진 마늘 1큰술, 올리브유 1큰술, 식초 1작은술

2~3개월 보관 가능

밀키트 만들기

① 닭 다리 살은 먹기 좋은 크기로 잘라줍니다.
굽기 편하도록 두껍지 않게 잘라주세요.

② 소금, 후춧가루로 밑간해주세요.

③ 용기에 닭 다리 살과 양념 재료(네 가지 맛 중 선택)를 넣고 버무려줍니다.

조리 시 재료	식용유 약간 (프라이팬 조리 시)

① 냉동 밀키트를 냉장 해동해 준비합니다.

② (프라이팬 조리 시) 팬에 기름을 약간 두르고 중약불에 앞뒤로 구워줍니다.
필요시 물을 약간 넣어 타지 않게 구워주세요.

(에어프라이어 조리 시) 180℃로 예열한 에어프라이어에 8분간, 뒤집어서 7분간 돌려줍니다.

밀키트 조리

반조리 후 ▶▶▶ 냉동

닭가슴살 스테이크

2~3개월 보관 가능

밀키트 재료 닭 가슴살 150g, 올리브유 약간, 소금 약간, 후춧가루 약간

밀키트 양념 **허니 갈릭 맛** 꿀 2큰술, 간장 1+½큰술, 다진 마늘 1큰술, 올리브유 1큰술, 식초 1작은술, 파슬리 약간 **탄두리 맛** 요거트 2큰술, 카레가루 1큰술, 고춧가루 1작은술, 다진 마늘 1작은술 **레몬 맛** 맛술 2큰술, 올리브유 1큰술, 레몬즙 1큰술, 다진 마늘 1작은술, 후춧가루 약간, 레몬 슬라이스 1~2조각

밀키트 만들기

① 닭 가슴살은 2~3cm 정도 두께로 반으로 갈라 펼친 뒤 포크로 찍어 양념이 잘 배도록 해줍니다.

② 올리브유, 소금, 후춧가루를 뿌려 앞뒤로 밑간해줍니다.

③ 지퍼 백에 양념 재료(세 가지 맛 중 선택)를 넣어 섞은 뒤 닭 가슴살을 넣어 버무립니다.
일반 용기에 담아도 됩니다.

④ 지퍼 백을 납작하게 눌러 공기를 최소화해 보관합니다.

① 냉동 밀키트를 냉장 해동해 준비합니다.

② (프라이팬 조리 시) 프라이팬에 앞뒤로 노릇하게 구워줍니다. 필요 시 물을 약간 넣어 타지 않게 구워주세요.

(에어프라이어 조리 시) 180℃로 예열한 에어프라이어에 7분간, 뒤집어서 5~7분간 구워줍니다.

밀키트 조리

반조리 후 ▶▶▶ 냉동

크림새우

밀키트 재료 새우(중간 크기) 8~10마리, 튀김가루 50g, 찬물 70ml, 소금 약간, 후춧가루 약간, 맛술 ½큰술, 식용유 적당량

2~3개월 보관 가능

밀키트 만들기

① 새우는 소금, 후춧가루, 맛술을 넣고 조물조물 무쳐줍니다.

② 밑간한 새우를 키친타월로 물기를 닦아 준비합니다.

③ 튀김가루와 물을 섞어 튀김옷을 만들어 새우에 묻혀주세요.

④ 170~180℃ 기름에 노릇하게 튀겨주세요.
1차로 튀기고 식힌 뒤 한번 더 튀겨 주면 더욱 바삭합니다.

⑤ 식힌 뒤 용기에 담아주세요.

조리 시 양념 마요네즈 2큰술, 꿀 또는 설탕 1큰술, 레몬즙 ½큰술, 파슬리가루 약간

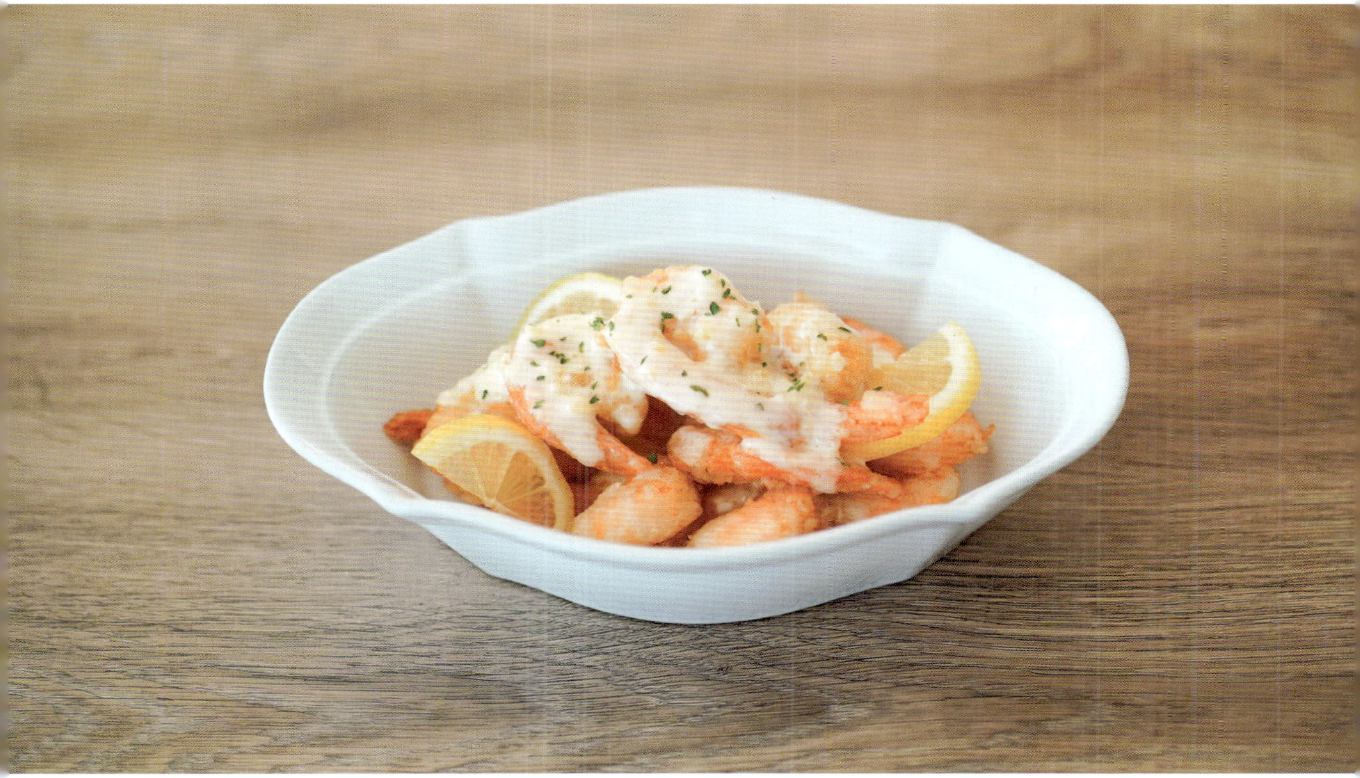

밀키트 조리

① 에어프라이어에 냉동 새우를 넣고 180℃로 9~11분 정도(중간에 한번 뒤집기) 돌려줍니다.

② 마요네즈, 꿀, 레몬즙을 섞어 소스를 만들어주세요.

③ 그릇에 새우를 올린 뒤 소스를 뿌려주세요.

④ 파슬리가루를 톡톡 뿌려 완성합니다.

양상추, 견과류를 곁들이면 더욱 맛있습니다.

비조리 후 ▶▶▶ 냉동

튀기지않은 칠리새우

밀키트 재료 새우(중간 크기) 8~10마리, 양파 ¼개, 파프리카 ¼개, 다진 마늘 ½큰술, 버터 ½큰술, 소금 약간, 후춧가루 약간

밀키트 양념 고춧가루 ½큰술, 케첩 1큰술, 설탕 ½큰술, 간장 ½큰술, 식초 ½큰술, 물 1큰술, 후춧가루 약간

2~3개월 보관 가능

밀키트 만들기

① 새우는 깨끗이 씻어 소금, 후춧가루를 뿌려 밑간합니다.

② 양파와 파프리카는 크게 다져줍니다.

③ 분량의 양념 재료를 섞고 다진 양파, 파프리카를 넣어 칠리소스를 만들어줍니다.

④ 완성된 소스는 작은 용기에 따로 담아줍니다.

양념과 다진 채소는 섞어서 보관하거나 따로 보관해도 식감에 차이가 없으니 기호에 따라 선택하세요.

⑤ 다른 용기에 새우와 다진 마늘, 버터를 담아줍니다.

① 냉동 밀키트를 냉장 해동해 준비합니다.
② 예열한 팬에 버터를 녹이고 다진 마늘과 새우를 볶아줍니다.
③ 볶은 새우는 잠시 그릇에 덜어놓습니다.
④ 같은 팬에 냉동한 소스와 물을 약간 넣고 끓입니다.
⑤ 소스가 끓어오르면 적당히 졸여줍니다.
⑥ 졸인 소스에 새우를 넣고 버무려 완성합니다.

밀키트
조리

비조리 후 ▶▶▶ 냉동

신림동 백순대볶음

| 밀키트 재료 | 순대 200g, 양배추 100g, 당근 30g, 마늘 2톨, 대파 ¼대, 청양고추 ½개 (선택), 들깻가루 1큰술 |
| 밀키트 양념 | 초고추장 1큰술, 된장 ½큰술, 들깻가루 1큰술, 다진 마늘 2작은술, 들기름 ½큰술, 물 1큰술 |

2~3개월보관가능

밀키트 만들기

① 순대는 3cm 정도로 두툼하게 잘라줍니다.
냉동한 순대가 조리 시 터지지 않도록 두껍게 썰어주세요.

② 양배추는 먹기 좋은 크기로 잘라주고 당근은 채 썰어주세요. 마늘은 편 썰고 청양고추(선택)와 대파는 어슷 썰어주세요.

③ 순대는 따로 담거나 종이 포일 혹은 랩으로 분리해서 용기에 넣어줍니다.

④ 분량의 양념 재료를 섞어 찍어 먹을 소스를 만든 뒤 소스용 용기에 담고, 들깻가루도 별도의 용기에 담아줍니다.

⑤ 나머지 손질한 채소도 용기에 담아줍니다.

조리 시 재료　　　깻잎 넉넉히, 식용유 약간, 쫄면약간(선택), 떡약간(선택)

① 순대만 냉장 해동해서 준비합니다.
순대를 완전히 해동하지 않으면 조리 과정에서 터지니 주의하세요.

② 예열한 팬에 기름을 넉넉히 두르고 해동한 순대와 냉동 밀키트를 넣은 뒤 볶아줍니다.
쫄면과 떡도 넣으면 잘 어울리고 맛있습니다.

③ 재료가 어느 정도 익으면 들깻가루를 뿌려 섞어주세요.

④ 재료가 잘 익으면 완성입니다.

⑤ 양념을 찍어 깻잎에 싸 먹으면 됩니다.

밀키트
조리

비조리 후 ▶▶▶ 냉동

가자미 무조림

밀키트 재료	가자미(중) 1마리, 무 ⅛개(120g), 양파 ¼개, 대파 ½대, 청양고추 ½개 (선택)
밀키트 양념	고춧가루 2작은술, 진간장 1큰술, 설탕 1작은술, 된장 1작은술, 맛술 ½큰술, 다진 생강 ½작은술, 다진 마늘 1작은술

2~3개월 보관 가능

밀키트 만들기

① 가자미는 손질한 뒤 토막 내서 준비합니다.
   손질된 가자미를 써도 좋아요.

② 무는 두툼하게 부채꼴로 썰고, 양파는 채 썰고, 대파와 청양고추는 어슷썹니다.

③ 분량의 양념 재료를 섞어줍니다.

④ 가자미와 손질한 채소를 구분해서 한 용기에 담아주고 양념도 올려 담아줍니다.
   가자미는 종이 포일로 분리해주세요.

* **가자미 손질법** 가자미 표면을 칼로 긁어 비늘을 제거하세요. ⋯▶ 배를 갈라 내장을 꺼낸 뒤 흐르는 물에 깨끗이 씻어주세요.

조리 시 재료 물 200ml, 참기름 약간

① 냄비에 냉동 밀키트와 물을 자작하게 넣고 뚜껑을 닫아 약한 불로 해동합니다.
② 적당히 해동되면 중간 불로 올리고 양념을 끼얹으며 졸입니다.
③ 국물이 적당히 졸아들면 불을 꺼주세요.
④ 참기름을 한 바퀴 둘러 마무리합니다.

밀키트 조리

비조리 후 ▶▶▶ 냉동

세가지맛 삼치찜

밀키트 재료

삼치간장유자찜 삼치 토막 1개(약 200g), 간장 2큰술, 맛술 1큰술, 유자청 1큰술, 다진 마늘 ½큰술, 생강 1작은술, 물 2큰술, 대파 약간, 양파 약간, 당근 약간 **삼치미소된장찜** 삼치 토막 1개(약 200g), 미소 된장 1큰술, 맛술 1큰술, 설탕 ½큰술, 물 3큰술, 대파 약간, 양파 약간, 당근 약간

2~3개월 보관 가능

밀키트 만들기

① 생선은 물에 씻은 뒤 식초물에 10분 정도 담갔다가 헹궈줍니다.

② 키친타월로 물기를 제거해주세요.
  비린내를 제거하는 과정입니다.

③ 당근과 양파는 채 썰고 대파는 어슷 썰어주세요.

④ 납작한 실리콘 백(또는 지퍼 백)에 모든 재료를 담아주세요.

⑤ 분량의 양념 재료도 용기에 넣은 뒤 조물조물 골고루 버무려줍니다.

밀키트 재료 **삼치데리야키찜** 삼치 토막 1개(약 200g), 간장 2큰술, 설탕 1큰술, 맛술 1큰술, 다진 마늘 ⅓큰술, 생강즙 약간, 물 2큰술, 대파 약간, 양파 약간, 당근 약간

① (전자레인지 조리 시) 냉동 상태로 입구를 살짝 열고 전자레인지에 총 10분간 돌려줍니다. 중간에 1~2회 꺼내 뭉친 재료를 풀어주세요.

뜨거우니 주의하세요. 전자레인지 사양에 따라 조리 시간은 달라질 수 있습니다. 만약 일부가 익지 않았을 경우 전자레인지 조리 후, 달궈진 팬 위에서 1~2분간 더 볶아주세요.

(웍 또는 냄비 조리 시) 냉동 밀키트, 물 3큰술 정도를 넣고 뚜껑을 닫은 뒤 재료가 잘 분리되도록 5분 정도 해동합니다. 뭉친 부분을 풀어주며 잘 익을 때까지 더 조리해 완성합니다.

조리 후 ▶▶▶ 냉동

고추잡채

밀키트 재료 돼지고기 등심(잡채용) 100g, 청피망 ¼개, 홍피망 ¼개, 양파 ⅙개, 표고버섯 1개, 소금 약간, 전분 약간, 후춧가루 약간, 고추기름 1큰술, 꽃빵(선택)

밀키트 양념 간장 1작은술, 굴소스 1작은술, 다진 마늘 ½작은술, 맛술 ½큰술, 후춧가루 약간

2~3개월 보관 가능

밀키트 만들기

① 돼지고기는 키친타월로 꾹꾹 눌러 핏물을 제거해 준비합니다.
등심을 잘라서 사용해도 됩니다.

② 돼지고기에 소금, 후춧가루, 전분을 넣고 버무려주세요.

③ 피망, 양파는 채 썰고 표고버섯은 편 썰어주세요.

④ 팬에 고추기름을 두르고 고기를 볶아줍니다. 고기의 붉은 기가 없어지면 채소와 양념을 넣고 강한 불에 숨이 죽을 정도로 볶아 완성합니다.
채소에서 수분이 나오지 않도록 빠르게 볶아주세요.

⑤ 완성된 고추잡채를 용기에 담고, 꽃빵을 랩으로 싸서 함께 담아주세요(선택).

조리 시 재료 식용유 약간

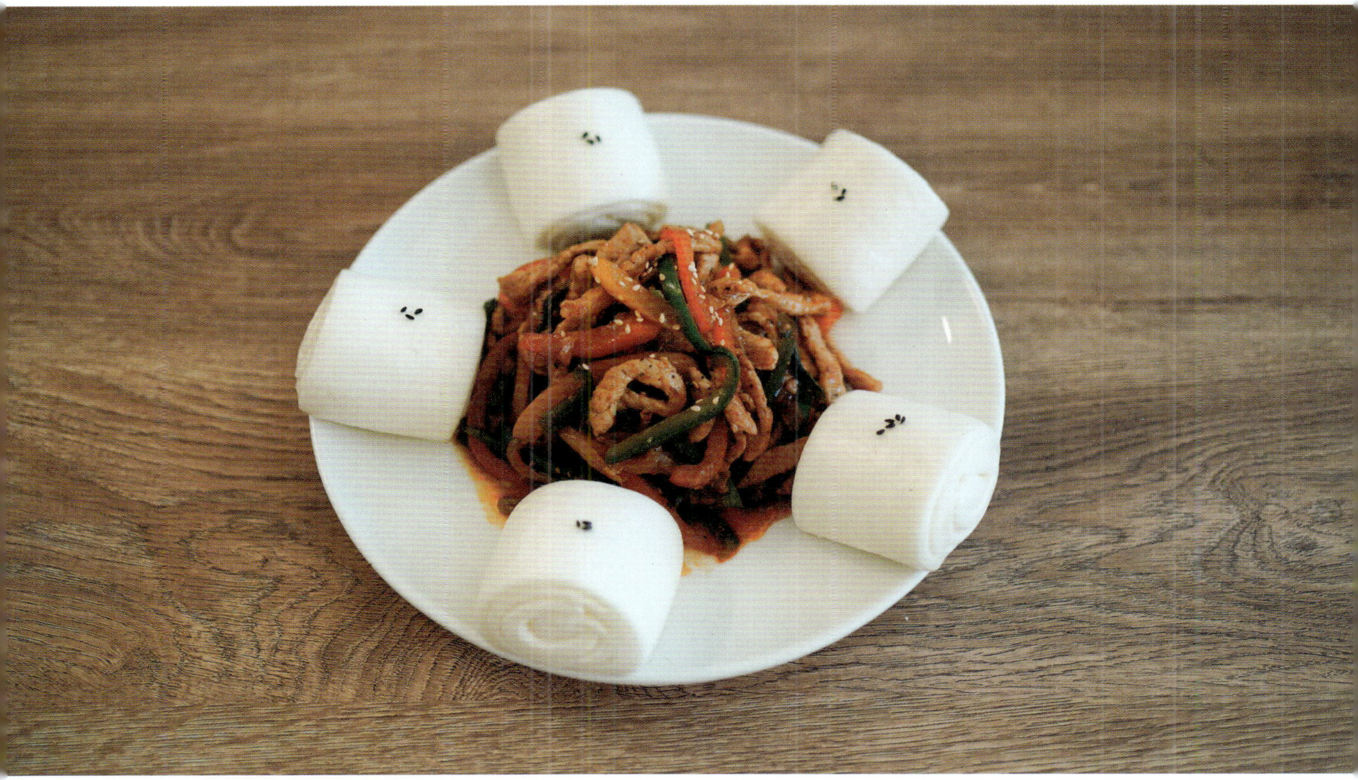

밀키트 조리

① (전자레인지 조리 시) 꽃빵을 제외한 냉동 밀키트를 전자레인지용 용기에 담아 4분 정도 돌려줍니다.
(팬에 조리 시) 꽃빵을 제외한 냉장 해동한 밀키트를 기름 두른 팬에 넣고 강한 불에 볶아줍니다.

② 꽃빵은 전자레인지용 용기에 담아 물을 약간 넣어 1분 정도 돌려줍니다.

조리 후 ▶▶▶ 냉동

마파두부

밀키트 재료 두부 ½모, 다진 돼지고기 또는 소고기 50g, 완두콩 20g, 양파 ⅙개, 대파 ¼대, 청양고추 ½개(선택), 다진 마늘 1작은술, 다진 생강 ½작은술(선택), 맛술 ½큰술, 후춧가루 약간, 물 150ml

밀키트 양념 두반장 1큰술, 굴소스 ½큰술, 물엿 ½큰술, 전분물(감자전분 1작은술+물 1큰술), 고추기름 1큰술, 참기름 약간

① 키친타월로 다진 고기를 꾹꾹 눌러 핏물을 제거한 뒤 맛술과 후춧가루를 뿌려 밑간합니다.

② 두부도 키친타월로 눌러 물기를 제거하고 1cm 정도로 깍둑 썰어줍니다.

③ 양파, 대파는 잘게 다집니다.

④ 팬에 고추기름을 두르고 다진 고기를 넣어 볶아주세요

⑤ 고기가 적당히 익으면 다진 대파, 다진 양파, 다진 마늘, 다진 생강을 넣어 볶아줍니다.

⑥ 두반장, 굴소스, 물엿을 넣은 뒤 타지 않게 주의하며 볶아주세요.

⑦ 재료와 양념이 잘 섞이면 물을 부은 뒤 끓여주세요.

⑧ 끓어오르면 두부와 완두콩을 넣고 양념이 잘 배어들도록 뭉근히 끓입니다.

⑨ 원하는 농도에 가까워질 때까지 볶으며 조리다가 전분물을 약간씩 넣어가며 걸쭉하게 만들어줍니다
너무 되직히지 않게 해주세요.

⑩ 마지막에 송송 썬 청양고추(선택)와 참기름을 뿌려 완성합니다.

⑪ 완성된 마파두부를 한 김 식혀 용기에 한 번 먹을 분량씩 넣어줍니다.

밀키트 만들기

조리 시 재료   통깨 약간

① 팬에 냉동 밀키트를 넣은 뒤 물을 약간 붓고 뚜껑을 닫아 해동합니다. 해동이 되면 뚜껑을 열고 볶아주세요.
미리 해동한 후 조리해도 됩니다.

② 밥 위에 조리된 마파두부를 올리고 통깨를 뿌려 완성합니다.
(전자레인지 사용시) 전자레인지용 용기에 3~5분간 돌린 뒤 통깨를 뿌려주세요. 중간에 한두 번 끊어서 저어가며 돌려야 합니다.

밀키트
조리

조리 후 ▶▶▶ 냉동

멘보샤

밀키트 재료 식빵 1장, 새우 1줌, 전분 ½큰술, 올리브유 1작은술, 소금 약간, 후춧가루 약간, 식용유 적당량

2~3개월 보관 가능

밀키트 만들기

① 식빵은 테두리를 자르고 4등분하세요.
   식빵을 냉동해두면 깔끔하게 자를 수 있어요.

② 새우는 키친타월로 눌러서 물기를 제거하고 식감을 위해 굵게 다져주세요.

③ 볼에 다진 새우, 전분, 올리브유, 소금, 후춧가루를 넣고 반죽을 만들어줍니다.

④ 자른 식빵에 반죽을 적당량 올려 모양을 잡고 자른 식빵 1조각을 그 위에 덮어 샌드위치 모양으로 만들어주세요. 그런 다음 160℃ 미만의 기름에서 겉면이 노릇해질 때까지 튀겨주세요. 온도가 높으면 빵이 타버리니 주의하세요.

⑤ 튀긴 멘보샤를 세워 기름기를 쫙 빼 식힌 뒤 용기에 차곡차곡 담아주세요.

조리 시 재료 칠리소스 약간, 식용유 적당량(프라이팬 조리 시)

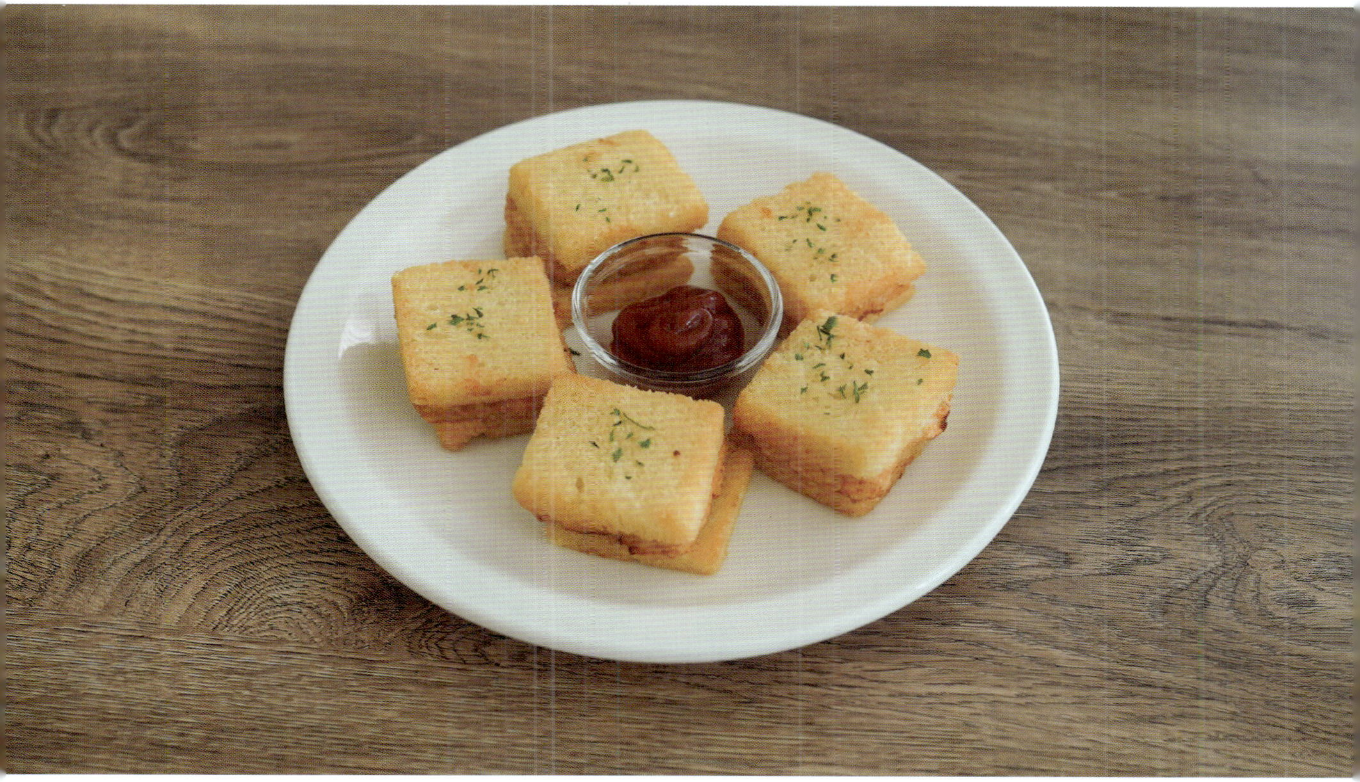

밀키트 조리

① (에어프라이어 사용 시) 냉동한 멘보샤를 180℃로 예열한 에어프라이어에 10분간 굽고 뒤집어서 5분 더 구워줍니다.

(프라이팬 조리 시) 해동한 멘보샤를 반 정도 잠길 만큼 기름을 부어 앞뒤로 3~4분씩 튀겨줍니다.

② 칠리소스에 찍어 먹습니다.

조리 후 ▶▶▶ 냉동

부드러운 일본카레

2~3개월 보관 가능

밀키트 재료 다진 소고기(또는 돼지고기) 50g, 감자 ¼개, 당근 ⅙개, 양파 ½개, 카레 1인분(가루 20~25g 또는 고체 1조각), 토마토소스 40ml, 식용유 약간

밀키트 만들기

① 감자, 당근, 양파는 깨끗이 씻은 뒤 적당한 크기로 깍둑 썰어주세요. 이때 당근은 약간 더 작게 깍둑 썰어줍니다.
② 냄비에 식용유를 두르고 감자, 당근, 양파를 볶아주세요.
③ 다진 고기를 넣고 함께 볶아줍니다.
④ 재료가 어느 정도 익으면 재료가 잠길 정도로 물을 붓고 곱게 갈아줍니다.
⑤ 카레를 넣고 뭉근하게 끓여줍니다.
⑥ 토마토소스를 넣고 섞은 뒤 원하는 농도까지 끓여 완성합니다.
⑦ 한 김 식혀 용기에 한 번 먹을 만큼씩 소분해 담아줍니다.

① (전자레인지 조리 시) 전자레인지 용기에 3분 정도 돌립니다.
(프라이팬 조리 시) 팬에 냉동한 카레와 물을 약간 넣고 뚜껑을 덮은 뒤 약한 불에서 해동해주세요. 그럼 다음 뚜껑을 열고 볶아줍니다.

② 밥에 부어 카레밥, 우동 면에 부어 카레우동으로 다양하게 즐기세요.

밀키트
조리

비조리 후 ▶▶▶ 냉동

촙스테이크

밀키트 재료 소고기(등심 또는 안심) 150g, 양파 ¼개, 피망 ½개, 빨간 파프리카 ¼개, 노란 파프리카 ¼개, 양송이버섯 1개, 마늘 2톨, 브로콜리 약간(선택), 아스파라거스 약간(선택), 냉동 그린 빈 약간(선택), 소금 약간, 후춧가루 약간, 올리브유 약간

2~3개월 보관 가능

밀키트 만들기

① 소고기는 키친타월로 꾹꾹 눌러 핏물을 제거한 뒤 한입 크기로 잘라 소금, 후춧가루를 넣고 올리브유를 한 바퀴 둘러 조물조물 밑간합니다.

② 양파는 소고기와 비슷한 크기로 깍둑 썰고, 피망과 파프리카는 속씨를 제거한 뒤 한입 크기로 깍둑 썰어주세요. 양송이버섯은 4등분하고 마늘은 반으로 잘라주세요.
취향에 따라 여러 채소를 먹기 좋은 크기로 썰어주세요.

③ 소고기는 꺼내기 편하게 종이포일이나 랩으로 분리해서 용기에 담아주세요.
별도의 용기에 보관해도 됩니다.

④ 손질한 채소도 용기에 담아줍니다.

조리 시 재료 식용유 약간

조리 시 양념 스테이크소스 2큰술, 굴소스 1큰술, 설탕 ½ 큰술, 케첩 1큰술, 물 2큰술

① 소고기만 냉장 해동해 준비합니다.

② 팬에 기름을 약간 두르고 소고기를 먼저 구운 뒤 따로 꺼내둡니다.

③ 같은 팬에 냉동 채소 밀키트를 넣고 볶아줍니다.

④ 빼놓은 고기를 다시 팬에 넣고 강한 불에 채소와 함께 볶아줍니다.

⑤ 분량의 양념을 넣고 슥듯 볶아주면 완성입니다.

밀키트 조리

조리 후 ▶▶▶ 냉동

햄버그 스테이크

밀키트 재료 다진 소고기 100g, 다진 돼지고기 50g, 양파 ¼개, 빵가루 2큰술, 달걀 ½개, 우유 ½큰술, 소금 ¼작은술, 후춧가루 약간, 식용유 약간

2~3개월 보관 가능

밀키트 만들기

① 다진 고기를 키친타월로 꾹꾹 눌러 핏물을 제거합니다.

② 양파는 다진 뒤 기름 두른 팬에 투명해질 때까지 볶아줍니다.

③ 큰 볼에 다진 소고기와 돼지고기를 넣고 소금, 후춧가루를 뿌려 섞어줍니다.

④ 밑간해둔 고기에 볶은 양파와 빵가루, 우유, 풀어둔 달걀을 넣고 골고루 조물조물 섞어줍니다.
충분히 치댈수록 구울 때 테두리가 갈라지지 않고 질감이 부드러워져요.

⑤ ⑷를 1.5~2cm 두께로 동그랗게 모양을 낸 뒤 기름 두른 팬에 80% 정도만 익혀 구워줍니다. 한 김 식힌 뒤 1개씩 래핑해 용기에 함께 담아줍니다.

조리 시 재료 버터 1큰술, 양송이버섯 약간(선택)

조리 시 양념 케첩 2큰술, 돈가스소스 1큰술, 설탕 1큰술, 물 100ml

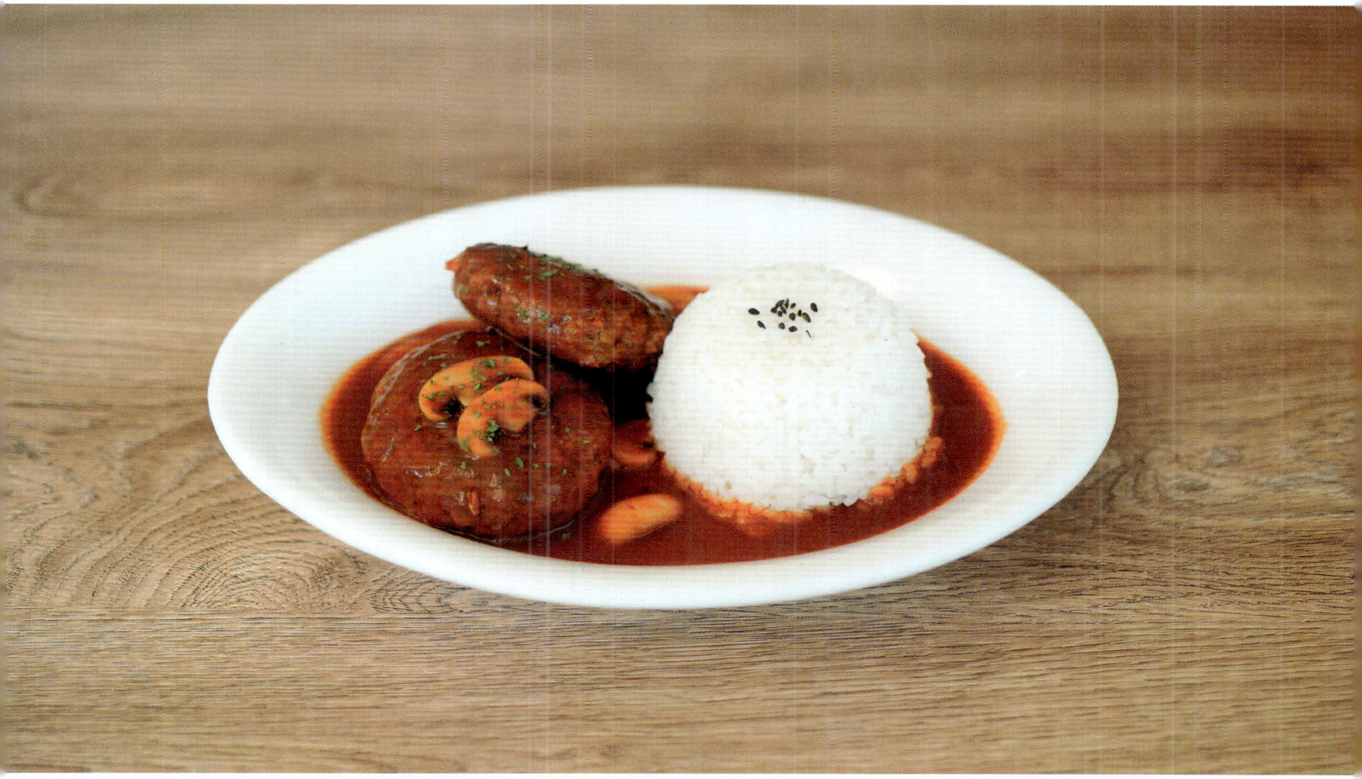

밀키트 조리

① 패티를 전자레인지에 3분간 돌려줍니다.

② 팬에 버터를 녹이고 양송이 버섯(선택)을 편 썰어 넣어 볶아줍니다.

③ 양념 재료를 다 섞어서 팬에 넣고 패티도 넣어줍니다.

④ 패티에 소스를 끼얹어가며 조립니다.

⑤ 소스가 반 정도로 줄어들면 완성입니다.

반조리 후 ▶▶▶ 냉동

짜조
(베트남식 스프링 롤)

밀키트 재료 돼지고기 50g, 칵테일 새우 25g, 당면 20g, 새송이버섯 ¼개, 당근 ⅛개, 양파 ⅛개, 짜조 피 5~7장, 각종 채소 약간(냉장고 사정에 맞게 준비), 소금 약간, 후춧가루 약간

밀키트 양념 굴소스 ¼큰술

2~3개월 보관 가능

밀키트 만들기

① 키친타월로 다진 돼지고기를 꾹 눌러 핏기를 제거한 뒤 소금, 후춧가루로 밑간을 합니다.

② 당면은 찬물에 20~30분 정도 불려줍니다.

③ 끓는 물에 당면을 살짝만 익힌 뒤 잘게 잘라 준비합니다.

④ 새우와 새송이버섯, 당근, 양파, 각종 채소를 넣어 다져놓습니다.

⑤ 큰 볼에 (1)과 (4)의 다진 재료, 자른 당면, 굴소스를 넣고 잘 섞어서 속 재료를 만들어줍니다. 짜조 피에 속 재료를 올려 돌돌 말고 양 끝을 접어 모양을 만들어줍니다.

⑥ 완성된 짜조는 용기에 차곡차곡 담아줍니다.

조리 시 재료	식용유 적당량

① 밀키트를 해동해서 준비합니다.

② (프라이팬 조리 시) 팬에 식용유를 넉넉히 두르고 중약불에서 노릇하게 구워주세요.

고르게 익도록 돌려가며 튀겨줍니다.

(에어프라이어 조리 시) 앞뒤로 식용유를 뿌려 180℃로 예열한 에어프라이어에 10~12분 동안 구워줍니다. 중간에 한번 뒤집어 양면이 고르게 익도록 해주세요.

밀키트 조리

비조리 후 ▶▶▶ 냉동

떡볶이

밀키트 재료 떡볶이 떡 150g, 어묵 1~2장, 대파 ½대, 양배추 약간(선택), 모차렐라 치즈 약간(선택)

밀키트 양념 고추장 ½큰술, 고춧가루 1큰술, 간장 ½큰술, 설탕 2큰술, 후춧가루 약간, 소고기 다시다 1작은술(식당 맛을 원할 때)

1~2개월 보관 가능

밀키트 만들기

① 떡은 미리 물에 담가 30분간 불리고 물기를 제거합니다.
② 어묵은 먹기 좋은 크기로 썰고, 대파는 송송 썰고, 양배추는 큼직하게 깍둑 썰어 주세요(선택).
③ 분량의 양념 재료를 섞어줍니다.
④ 용기에 떡, 어묵, 대파, 양배추를 구역을 나누어 담아준 뒤 양념장을 올립니다.
⑤ 치즈는 마지막에 따로 뿌려야 하니 랩으로 싸서 용기에 담거나, 따로 보관해주세요(선택).

①   냉동 밀키트와 물을 자작하게 붓고 끓여줍니다.

②   떡에 양념기 잘 배어들 때까지 끓여줍니다.

③   치즈는 마지막에 뿌린 뒤 뚜껑 덮어 녹을 때까지 기다립니다.

밀키트 조리

반조리 후 ▶▶▶ 냉동

오픈토스트

밀키트 재료 식빵

토스트별 토핑 재료 **참치옥수수** 참치 캔 40g+옥수수 통조림 2큰술+소금 약간+마요네즈 2큰술+후춧가루 약간을 섞어서 준비, 모차렐라 치즈 50g **대파치즈** 대파 ⅓대(송송 썰기)+마요네즈 2큰술+꿀 1큰술을 섞어서 준비, 모차렐라 치즈 50g

1개월 보관 가능

밀키트 만들기

① 식빵 위에 원하는 종류의 토스트에 해당하는 토핑 재료를 순서대로 올려주세요.

② 종이 포일을 식빵 사이즈로 잘라 덮은 뒤 랩으로 하나씩 감싸준 다음 지퍼 백이나 용기에 담아줍니다.

토스트별 토핑 재료　**명란마요** 슬라이스 치즈 1장, 명란 1줄+마요네즈 1큰술+꿀 1큰술을 섞어서 준비, 모차렐라 치즈 50g **고구마치즈** 슬라이스 치즈 1장, 고구마 1개(껍질 제거한 후 쪄서 으깨기)+마요네즈 1큰술+꿀 1큰술을 섞어서 준비, 모차렐라 치즈 50g, 파슬리 약간 **피자** 토마토소스 1큰술, 샌드위치 햄 1장, 옥수수 통조림 2큰술, 방울토마토 2~3개(반으로 썰기), 모차렐라 치즈 50g

① 랩을 제거한 뒤 에어프라이어에서 180℃로 8~10분간 조리해주세요.

밀키트 조리

조리 후 ▶▶▶ 냉동

단호박수프

밀키트 재료 미니단호박 1개, 양파 ¼개, 버터 1큰술, 우유 100ml, 생크림 100ml, 소금 약간

3개월보관가능

밀키트 만들기

① 단호박은 깨끗이 씻은 뒤 전자레인지에 3분간 돌려 익히고 양파는 채 썹니다.
② (1)의 단호박을 반으로 잘라 씨를 빼고 껍질을 제거한 뒤 작게 잘라줍니다.
③ 냄비에 버터를 녹인 뒤 양파와 단호박을 넣고 약한 불에 볶아줍니다.
④ 물을 자작하게 붓고 재료를 익혀줍니다.
⑤ 재료가 다 익으면 식힌 뒤 핸드 블렌더나 믹서로 곱게 갈아줍니다.
⑥ 우유, 생크림을 넣고 뭉근히 끓입니다.
  너무 진하면 우유를 추가해주세요. 식으면 되직해지니 원하는 농도보다 묽을 때 불을 꺼주세요.
⑦ 걸쭉해지면 소금으로 간을 맞추고 식혀서 한 번 먹을 분량으로 용기에 소분합니다.

조리 시 재료   치즈가루 약간, 파슬리가루 약간

① (냄비 조리 시) 냄비에 냉동 밀키트와 물을 약간 넣고 끓여줍니다.
  (전자레인지 조리 시) 전자레인지용 용기에 넣고 3분 정도 돌려줍니다.
② 마지막에 치즈가루와 파슬리가루를 뿌려주세요.
  구운 바게트나 식빵을 곁들이세요.

밀키트
조리

조리 후 ▶▶▶ 냉동

브로콜리 수프

밀키트 재료 브로콜리 ½송이, 감자 1개, 양파 ¼개, 버터 1큰술, 우유 100ml, 생크림 100ml, 소금 1작은술+약간

※ **브로콜리 세척법** 브로콜리는 큰 볼에 소금물(물 1L당 소금 1큰술)이나 식초물(물 1L당 식초 1큰술)을 붓고 10분간 거꾸로 담가 잔류 농약과 이물질, 벌레를 제거합니다.

3개월보관가능

밀키트 만들기

① 세척한 브로콜리를 적당히 자른 뒤 끓는 물에 소금 1작은술을 넣고 1분 정도 데친 뒤 찬물에 헹궈 준비합니다. 감자와 양파는 채 썰어줍니다.

② 냄비에 버터를 녹인 뒤 감자, 양파와 브로콜리를 넣고 약한 불에 볶아줍니다.

③ 물을 자작하게 붓고 재료를 익힌 뒤 다 익으면 식혀 핸드 블렌더나 믹서로 곱게 갈아줍니다.

④ 우유, 생크림을 넣고 뭉근히 끓이다 걸쭉해지면 소금으로 간을 맞춘 다음 식혀서 한 번 먹을 분량으로 용기에 소분합니다.
너무 진하면 우유를 추가해주세요. 식으면 되직해지니 원하는 농도보다 묽을 때 불을 꺼주세요.

조리 시 재료   치즈가루 약간, 파슬리가루 약간

①   (냄비 조리 시) 냄비에 냉동 밀키트와 물을 약간 넣고 끓여줍니다.
      (전자레인지 조리 시) 전자레인지용 용기에 넣고 3분 정도 돌려줍니다.
②   치즈가루와 파슬리가루를 뿌려주세요.

밀키트 조리

조리 후 ▶▶▶ 냉동

버섯크림 뇨키

밀키트 재료 냉동 뇨키 150g, 양송이버섯 1~2개, 베이컨 2줄, 다진 마늘 ½큰술, 올리브유 1큰술, 우유 100ml, 생크림 50ml, 치킨 스톡 ½작은술

뇨키는 시판 냉동 제품을 써도 되고 직접 만들어도 됩니다.

※ **뇨키 반죽 재료** 감자 500g, 밀가루 100~150g, 달걀노른자 1개 분량, 소금 약간, 올리브유 약간

1~2개월 보관 가능

밀키트 만들기

① 베이컨은 1cm 정도로 자르고, 양송이버섯은 편 썰어줍니다.
② 팬에 올리브유를 두르고 다진 마늘, 베이컨, 양송이버섯을 넣고 볶아주세요.
③ 노릇해지면 우유와 생크림, 치킨 스톡을 넣고 끓여주세요.
④ 끓어오르면 식혀서 용기에 담아주세요.
⑤ 다른 용기에 뇨키를 담아주세요.

뇨키 만들기 ① 감자는 껍질을 제거한 뒤 적당한 크기로 잘라 삶거나 전자레인지로 속까지 고르게 익혀줍니다. ② 익힌 감자를 으깬 뒤 중력분, 달걀노른자, 소금과 함께 섞어 반죽을 만들어주세요. 너무 끈적이면 밀가루를 추가합니다. ③ 반죽을 굴려 긴 막대 모양으로 만든 뒤 2cm 길이로 자르고, 반죽 중앙을 포크로 살짝 눌러 뇨키 모양을 만들어주세요. ④ 끓는 물에 뇨키를 넣고 떠오르면 건져내 찬물에 넣어 잠시 식힌 뒤 물기를 완전히 제거한 다음 올리브유를 약간 넣어 버무려줍니다.

| 조리 시 재료 | 파르메산 치즈 약간, 후춧가루 약간, 파슬리 약간(선택), 소금 약간, 버터 ½큰술 |

① 팬에 냉동된 크림소스를 넣고 뚜껑을 닫아 녹여주세요.
② 크림소스가 녹으면 냉동 뇨키를 넣고 익을 때까지 끓여주면 완성입니다.
③ 그릇에 담아 파르메산 치즈와 파슬리(선택), 후춧가루를 뿌리면 완성입니다.

* 더 맛있게 먹는 법

① 끓는 물에 소금을 약간 넣고 뇨키가 떠오를 때까지 삶아주세요.
② 팬에 버터를 녹여 뇨키를 노릇하게 익혀주세요.
③ 구운 뇨키를 접시에 옮겨 담고 끓여낸 크림소스를 부어 완성합니다.

비조리 후 ▶▶▶ 냉동

토마토나베

밀키트 재료 비엔나소시지 3~4개, 베이컨 1~2줄, 토마토 1개, 양파 ¼개, 표고버섯 1개, 양송이버섯 1~2개, 양배추 70g, 모차렐라 치즈 30g

밀키트 양념 다진 마늘 1작은술, 토마토소스 120g

1~2개월 보관가능

밀키트 만들기

① 양파는 채 썰고 토마토와 양배추, 베이컨은 한입 크기로 썰어주세요. 표고버섯과 양송이는 편 썰고 소시지는 먹기 좋은 크기로 잘라 칼집 내주세요.

② 준비한 재료와 다진 마늘, 토마토소스를 용기에 한꺼번에 담아줍니다.
토마토소스는 재료 위에 부어서 담아줘도 됩니다. 비엔나소시지, 베이컨은 종이 포일이나 랩으로 구분해 담아주세요.

③ 치즈는 마지막에 뿌려야 하니 랩으로 싸서 용기에 담거나, 따로 보관해주세요.

조리 시 재료   물 250ml, 소금 약간, 후춧가루 약간, 올리브유 약간

① 냄비에 치즈를 제외한 냉동 밀키트와 물을 넣고 끓여줍니다.
　냉동 재료가 해동되도록 초반에는 뚜껑을 닫고 끓여주세요.

② 중약불에서 재료가 충분히 익을 때까지 끓여주세요.

③ 소금, 후춧가루로 간하고 올리브유를 한 바퀴 둘러줍니다.

④ 치즈를 뿌리고 뚜껑을 덮어 잘 녹여주면 완성입니다.

밀키트 조리

반조리 후 ▶▶▶ 냉동

미소라멘

밀키트 재료 생중면 1인분, 삼겹살 50~70g(선택), 파 20g, 숙주 60g, 목이버섯 30g, 올리브유 약간

밀키트 양념 미소 된장 1+½큰술, 간장 1큰술, 미림 1큰술, 다진 마늘 1작은술, 생강즙 1작은술

2~3개월 보관 가능

밀키트 만들기

① 면은 살짝 삶은 뒤(1~2분 덜 삶기) 물기를 완전히 제거한 다음 랩으로 싸주세요.
② 올리브유를 넣고 버무려서 면이 붙지 않게 해주세요.
③ 삼겹살은 앞뒤로 노릇하게 구워서 식혀줍니다(선택).
④ 파, 목이버섯은 깨끗이 씻어 채 썰어줍니다.
⑤ 숙주도 씻은 뒤 물기를 제거해주세요.
⑥ 용기에 손질한 재료, 구운 삼겹살, 삶은 면을 구분해 담아주세요.
⑦ 분량의 양념 재료를 섞어 미소양념장을 만든 뒤 작은 용기에 담아 냉동합니다.

조리 시 재료 사골 육수 500ml

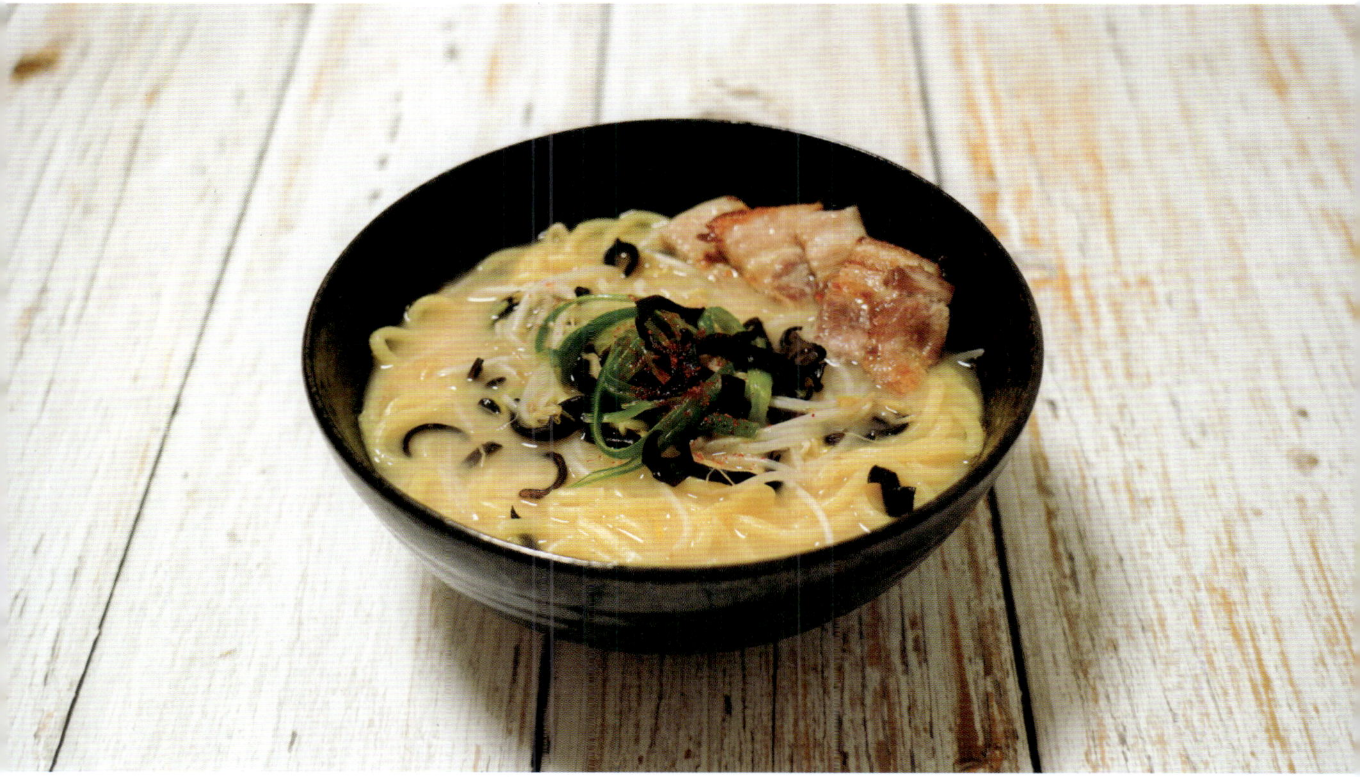

밀키트 조리

① 냄비에 사골 육수와 밀키트 양념장을 넣고 끓여주세요

② 끓어오르면 냉동 면을 넣고 끓여주세요.

③ 면이 어느 정도 익으면 나머지 냉동한 재료(삼겹살, 숙주, 파채)를 넣고 재료가 풀어질 정도로 끓입니다.

④ 접시에 담고 기호에 따라 삶은 달걀, 채 썬 파, 시치미 등을 추가하세요.

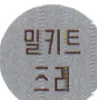

반조리 후 ▶▶▶ 냉동

메밀소바

밀키트 재료 레몬 ⅓개, 간 무 2큰술, 쪽파 1줄기, 오이 ¼개, 가지 ¼개, 버섯 30g(느타리버섯, 표고버섯 등), 소금 약간

밀키트 양념 쯔유(4배 농축액 기준) 2큰술, 물 2큰술, 설탕 ½작은술

3개월보관가능

밀키트 만들기

① 가지와 버섯은 편 썰고, 레몬은 슬라이스하고, 무는 갈아서 준비하고, 쪽파는 송송 썰어줍니다. 오이는 편 썰어 소금에 절인 뒤 물기를 꼭 짜서 준비합니다.

② 작은 냄비에 쯔유, 물, 설탕을 넣고 끓입니다.

③ 끓으면 슬라이스한 가지와 버섯을 넣고 약한 불에 조려주세요.

④ 국물이 거의 졸아들면 불을 끄고 식혀줍니다.

⑤ (4)의 가지버섯쯔유조림과 나머지 손질한 재료를 냉동 용기에 담아주세요.

조리 시 재료   메밀 면 100g, 쯔유(4배 농축액 기준) 40ml, 설탕 ½큰술, 찬물 250ml

① 냉동 밀키트는 미리 꺼내 냉장실에서 해동합니다.
② 찬물에 쯔유와 설탕을 넣어 국물을 만들어주세요.
③ 메밀 면을 삶은 뒤 찬물에 헹군 다음 물기를 빼주세요.
④ 그릇에 삶은 메밀 면을 담고 그 위에 해동한 가지버섯쯔우조림과 나머지 고명을 얹어주세요.
⑤ (2)의 국물을 부어 완성합니다.

밀키트
조리

Tip. 재료를 조금만 바꿔주면 따뜻한 소바로 먹을 수 있어요. 고명 재료 중 레몬, 오이 대신 유부, 어묵을 넣고 농축액 큐트 중 설탕만 빼서 냉동 밀키트로 만들었다가 따뜻한 국물로 조리하면 추운 겨울에 잘 어울려요.

반조리 후 ▶▶▶ 냉동

마제소바

밀키트 재료 냉동 우동 면 1인분, 다진 돼지고기 150g, 쪽파 3줄기, 김가루 3~5g, 식용유 약간

밀키트 양념 다진 마늘 ½큰술, 간장 2큰술, 맛술 2큰술, 굴소스 1큰술, 설탕 ½큰술, 고추기름 1큰술

2~3개월보관가능

밀키트 만들기

① 팬에 식용유를 두르고 다진 마늘을 볶아주세요.

② 마늘 향이 올라오면 다진 돼지고기를 넣고 볶아줍니다.

③ 고기의 붉은 기가 사라지면 간장, 맛술, 굴소스, 설탕을 넣고 섞으며 볶아주세요.

④ 고추기름을 넣고 볶아 불 맛을 입혀주세요.

⑤ 고기가 완전히 익으면 불을 끄고 식혀 냉동 용기에 담아줍니다. 냉동 우동 면도 담아주세요.

⑥ 고명으로 넣을 쪽파와 김가루는 별도의 용기에 담아주세요.
김가루는 습기를 막기 위해 반드시 밀폐해서 따로 보관해주세요.

조리 시 재료   달걀노른자 1개 분량, 통깨 1큰술, 후춧가루 약간

① 우동 면은 끓는 물에 1~2분 정도 삶아주세요.
② (1)을 찬물에 헹궈 접시에 담아줍니다.
③ 돼지고기는 전자레인지에 1~2분간 데운 뒤 면 위에 올려주세요.
④ 쪽파, 김가루는 자연 해동한 뒤 고명으로 올려주세요.
⑤ 달걀노른자를 올리고 통깨, 후춧가루를 뿌려 마무리하세요.

면을 비벼 먹은 뒤 남은 양념에 밥을 소량 추가해 비벼 먹으면 또 다른 별미입니다.

밀키트 조리

반조리 후 ▶▶▶ 냉동

차돌짬뽕

밀키트 재료 차돌 150g, 배춧잎 2장, 당근 ⅓개, 애호박 ⅓개, 양파 ½개, 대파 1대, 식용유 약간

밀키트 양념 다진 마늘 1큰술, 고춧가루 2큰술, 양조간장 1큰술, 치킨 스톡 1큰술, 굴소스 1큰술, 후춧가루 약간

2~3개월 보관가능

밀키트 만들기

① 배춧잎은 4cm 정도로 썰어주세요. 양파는 채 썰고 대파는 세로로 길게 반 가른 뒤 5~6cm 길이로 썰어주세요. 당근과 애호박은 반달 모양으로 얇게 잘라주세요.

② 팬에 식용유를 넉넉히 두르고 대파, 양파, 다진 마늘을 볶아주세요.

③ 볶은 재료를 팬 한쪽으로 밀고 고춧가루를 볶아 고추기름을 냅니다.

④ (3)의 팬에 간장, 치킨 스톡, 굴소스, 후춧가루와 차돌을 넣고 섞으며 볶아주세요.

⑤ 고기가 어느 정도 익으면 당근, 애호박, 배추를 넣고 살짝만 볶은 뒤 불을 꺼주세요.

⑥ 식힌 뒤 냉동 용기에 담아줍니다.

조리 시 재료 중화 면 1인 분(또는 밥 1공기), 사골 육수 250ml, 물 200ml

① 냄비에 육수와 물을 넣고 양념을 포함한 냉동 밀키트 넣고 끓여줍니다.
② 재료가 풀어지면 삶은 중화 면이나 밥 등 원하는 재료를 넣어 조금 더 끓여주세요.

밀키트 조리

반조리 후 ▶▶▶ 냉동

토마토 파스타

1~2개월 보관가능

밀키트 재료 파스타 면 100g, 물 150ml, 베이컨 ½줄 또는 명란 1개, 양파 ¼개, 양송이 2개

밀키트 양념 토마토소스 5큰술(크림소스 가능), 굴 소스 1작은술, 참치액 2작은술, 후춧가루 약간, 파슬리가루 약간

밀키트 만들기

① 베이컨은 짧은 길이로 썰고(명란일 경우 껍질을 제거하고), 양파와 양송이는 채 썰어줍니다.

② 파스타 면, 물, 양념 재료, 양파, 양송이버섯을 순서대로 용기에 담아줍니다.

③ 베이컨 또는 명란은 별도의 용기에 담아줍니다.

조리 시 재료 물 50~100ml, 파슬리 약간, 치즈 약간, 소금 약간(선택)

① 팬에 냉동 밀키트, 물을 넣은 뒤 뚜껑을 닫고 5~10분 정도 증기로 녹여주세요.
② 뚜껑을 열고 재료를 풀어주며 섞으며 끓입니다.
③ 접시에 담은 뒤 파슬리, 치즈 등을 추가하세요.
부족한 간은 소금으로 맞춰주세요.

밀키트 조리

PART 2.
도시락 편

※ 일러두기

· 주먹밥, 유부초밥, 볶음밥, 김밥류는 1인분 기준이며 그외 레시피는 4~6인분 기준입니다.

· 채소는 세척 후 손질합니다.

· 비조리 식품은 상온 해동보다는 냉장 해동(P. 18 참고)을 권장하며 부득이하게 상온 해동을 할 경우 1시간 이내의 해동 시간을 지킬 것을 권고합니다.

· 전자레인지를 이용해 해동할 경우, 뚜껑을 살짝 열어둔 채로 해동하세요.

· 전자레인지와 에어프라이어는 사양에 따라 조리 시간이 달라질 수 있습니다. 이 책의 전자레인지 해동 시간은 1100W 기준입니다. 출력이 낮을 경우 해동 시간을 더 늘려주세요.

· 진공포장은 냉동 보관할 어육류에 한해 권장하며, 과일, 채소는 식품의 과숙이나 무름 등을 유발할 수 있습니다. 냉동 보관할 어육류에 한해서만 진공포장을 권장합니다.

· 책에 수록된 밀키트 사진은 이해를 돕기 위한 이미지입니다. 반드시 상세 설명을 읽고 따라 하시길 바랍니다.

· 책에 수록된 레시피의 조리는 가스레인지 사용 기준입니다. 조리 방법이 다를 경우 별도로 표시되어 있습니다.

기적의 냉동 밀프렙

메인 요리·골라 담는 반찬

반조리 후 ▶▶▶ 냉동

참치마요 주먹밥

밀키트 재료 밥 1공기, 참치 캔 50g, 다진 양파 ⅛개 분량

밀키트 양념 마요네즈 1큰술, 참기름 1큰술, 통깨 ½큰술, 소금 약간, 후리카케 1큰술

1개월 보관 가능

밀키트 만들기

① 참치는 채반에 올려 뜨거운 물을 부어 기름기를 제거하세요.

② 기름기를 제거한 참치와 다진 양파, 마요네즈, 참기름 ½큰술, 통깨를 넣고 섞어주세요.

③ 밥에 소금 약간, 참기름 ½큰술, 후리카케를 넣고 섞어줍니다.

④ 밥 안에 (2)의 속 재료를 넣고 삼각형이나 구형으로 만들어주세요.

⑤ 하나씩 랩으로 싸서 용기에 담아주세요.

조리 시 재료 김밥용 김

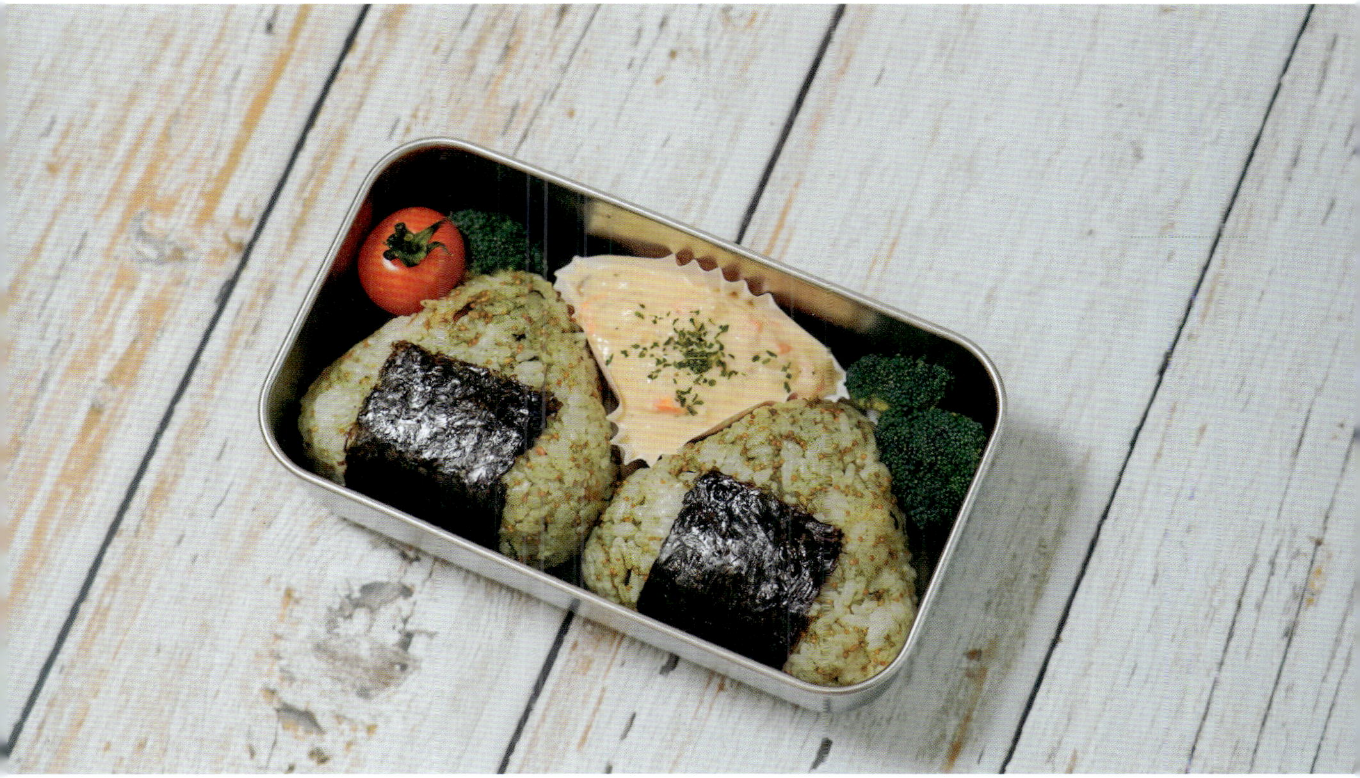

① 전자레인지에 2~3분간 돌려주세요.

② 김으로 싸주면 간단히 완성됩니다.

밀키트 조리

Tip. 전자레인지 조리는 음식이 고루 익기 전에 식품의 일부가 과도하게 뜨거워지는 경우가 있습니다. 따라서 2~3분 조리하다 보면 비닐 랩이 일부 녹거나 유해한 물질이 용출될 수 있습니다. 되도록이면 유리 용기로 옮겨 뚜껑을 살짝만 닫은 후 가열하는 것이 좋습니다.

반조리 후 ▶▶▶ 냉동

전주비빔 주먹밥

밀키트 재료	밥 1공기, 다진 소고기 35g, 양파 ⅛개, 식용유 약간, 참기름 약간, 소금 약간, 후춧가루 약간
밀키트 양념	고추장 ½큰술, 간장 ¼큰술, 설탕 ¼큰술, 다진 마늘 ¼작은술, 참기름 ½큰술, 통깨 ¼큰술

밀키트 만들기

① 다진 소고기에 소금, 후춧가루로 밑간합니다.
② 양파를 다져놓습니다.
③ 식용유를 두른 팬에 다진 마늘을 넣어 볶아주세요.
④ 마늘 향이 올라오면 고기와 다진 양파를 넣고 볶아주세요.
⑤ 볼에 고추장, 간장, 설탕, 참기름, 통깨와 (4)를 넣고 섞어주세요.
⑥ (5)에 밥을 넣고 섞어 삼각형이나 구형으로 만들어주세요.
⑦ 하나씩 랩으로 싸서 냉동 용기에 담아주세요.

조리 시 재료   김밥용 김

①   전자레인지에 2~3분간 돌려주세요.
②   김으로 싸주면 간단히 완성됩니다.

밀키트
조리

Tip. 전자레인지 조리는 음식이 고루 익기 전에 식품의 일부가 과도하게 뜨거워지는 경우가 있습니다. 따라서 2~3분 조리하다 보면 비닐 랩이 옅부 녹거나 유해한 물질이 용출될 수 있습니다. 되도록이면 유리 용기로 옮겨 뚜껑을 살짝간 같은 후 가열하는 것이 좋습니다.

조리 후 ▶▶▶ 냉동

소불고기 주먹밥

밀키트 재료 밥 1공기, 양념 소불고기 35g(P. 114p 참고), 김가루 1큰술

밀키트 양념 굴소스 ¼큰술, 참기름 ¼큰술

2~3개월 보관 가능

밀키트 만들기

① 소불고기는 중간 불에 익혀줍니다.

② 다 익을 때쯤 굴소스를 넣고 섞어주세요.

③ 소불고기를 작게 자르고 밥과 참기름, 김가루를 넣고 섞어준 뒤 삼각형이나 구형으로 만들어주세요.

④ 하나씩 랩으로 싸서 냉동 용기에 담아줍니다.

① 전자레인지에 2~3분간 돌려주세요.

밀키트 조리

Tip. 전자레인지 조리는 음식이 고루 익기 전에 식품의 일부가 과도하게 뜨거워지는 경우가 있습니다. 따라서 2~3분 조리하다 보면 비닐 랩이 일부 녹거나 유해한 물질이 용출될 수 있습니다. 되도록이면 유리 용기로 옮겨 뚜껑을 살짝만 닫은 후 가열하는 것이 좋습니다.

조리 후 ▶▶▶ 냉동

매운어묵 주먹밥

| 밀키트 재료 | 밥 1공기, 어묵 1장(약 40g), 김가루 1큰술, 식용유 ½큰술 |
| 밀키트 양념 | 고추장 1큰술, 참기름 ½큰술, 통깨 약간, 맛술 ½큰술, 올리고당(또는 물엿) ½큰술 |

1~2개월 보관 가능

밀키트 만들기

① 어묵은 잘게 다져주세요.

② 팬에 식용유를 두르고 어묵을 볶아줍니다.

③ 어묵이 노릇해지면 맛술, 올리고당, 고추장을 넣고 섞으며 볶아주세요.

④ 모든 재료가 섞이면 불을 끄고 참기름을 넣어 섞어주세요.

⑤ 밥에 볶은 어묵, 김가루, 통깨를 넣고 섞어준 뒤 삼각형이나 구형으로 만들어주세요.

⑥ 하나씩 랩으로 싸서 냉동 용기에 담아줍니다.

① 전자레인지에 2~3분간 돌려주세요.

밀키트 조리

Tip. 전자레인지 조리는 음식이 고루 익기 전에 식품의 일부가 과도하게 뜨거워지는 경우가 있습니다. 따라서 2~3분 조리하다 보면 비닐 랩이 일부 녹거나 유해한 물질이 용출될 수 있습니다. 되도록이면 유리 용기로 옮겨 뚜껑을 살짝만 닫은 후 가열하는 것이 좋습니다.

조리 후 ▶▶▶ 냉동

유부초밥

밀키트 재료 밥 1공기, 다진 소고기 35g, 다진 양파 ⅛개 분량, 유부초밥 키트, 식용유 ½작은술

밀키트 양념 간장 ½큰술, 설탕 ½작은술, 다진 마늘 ¼작은술, 참기름 ½작은술, 소금 약간, 후춧가루 약간

2~3개월 보관 가능

밀키트 만들기

① 유부초밥 키트에 포함된 양념을 밥에 넣어 섞어주세요.

② 팬에 식용유를 두르고 중간 불에서 다진 양파와 다진 마늘을 볶아주세요.

③ 다진 소고기를 넣고 볶다가 익으면 간장, 설탕, 참기름을 넣고 섞어줍니다.

④ 소금, 후춧가루로 간을 맞춰주세요.

⑤ 밥과 조리한 소고기를 섞은 뒤 물기를 짜낸 유부에 넣어주세요.

⑥ 냉동 용기에 담아줍니다.

완벽한 밀폐를 위해 음식을 담은 용기에 비닐 랩을 한 겹 덮은 후 뚜껑을 닫으면 용기 내부에 성에가 끼거나 식품이 건조해지는 것을 예방할 수 있습니다.

① 전자레인지에 2~3분간 돌려주세요.

밀키트
조리

조리 후 ▶▶▶ 냉동

맛살유부 초밥

1~2개월 보관가능

밀키트 재료 밥 1공기, 맛살 1~2개(약 30g), 당근 ⅛개, 피망 ⅛개, 유부초밥 키트

밀키트 양념 마요네즈 1큰술, 소금 약간, 후춧가루 약간

밀키트 만들기

① 유부초밥 키트에 포함된 양념을 밥에 넣어 섞어주세요.
② 맛살은 잘게 찢고, 당근과 피망은 잘게 다져줍니다.
③ 맛살, 다진 당근과 피망, 마요네즈, 소금, 후춧가루를 넣어 섞어줍니다.
④ 밥과 (3)을 섞은 뒤 물기를 짜낸 유부에 넣어주세요.
⑤ 냉동 용기에 담아줍니다.

① 전자레인지에 2~3분간 돌려주세요.

밀키트
조리

조리 후 ▶▶▶ 냉동

햄무스비
(2개 기준)

밀키트 재료 밥 150g, 스팸 85g, 달걀 1개, 슬라이스 치즈 1장(선택), 식용유 약간

밀키트 양념 간장 2작은술, 맛술 2작은술, 설탕 ½큰술, 물 1큰술, 소금 약간, 통깨 1작은술, 참기름 1작은술

1~2개월 보관가능

밀키트 만들기

① 달걀을 풀어서 달걀물을 만들어주세요.

② 팬에 식용유를 두르고 예열한 뒤 달걀 지단을 만들어주세요.
   너무 두꺼우면 식감이 좋지 않으니 얇게 부쳐주세요. 재료별 냉동법(P. 19) 지단 내용을 참고해도 좋아요.

③ 볼에 간장, 설탕, 맛술, 물을 넣고 섞어 데리야키소스를 만들어주세요.

④ 팬에 스팸을 앞뒤로 노릇하게 구워 데리야키소스를 넣고 조려주세요.

⑤ 밥에 소금, 통깨, 참기름을 넣고 섞어주세요.

⑥ 틀에 랩을 깔고 밥, 달걀 지단, 슬라이스 치즈, 스팸순으로 넣은 뒤 꺼내주세요.

⑦ 랩으로 하나씩 싸서 용기에 담아줍니다.

조리 시 재료   김밥용 김

① 전자레인지에 2~3분간 돌려주세요.
② 김으로 감싼 뒤 먹기 좋은 크기로 썰어주세요.

밀키트 조리

Tip. 전자레인지 조리는 음식이 고루 익기 전에 식품의 일부가 과도하게 뜨거워지는 경우가 있습니다. 따라서 2~3분 조리하다 보면 비닐 랩이 일부 녹거나 유해한 물질이 용출될 수 있습니다. 되도록이면 유리 용기로 옮겨 뚜껑을 살짝만 덮은 후 가열하는 것이 좋습니다.

조리 후 ▶▶▶ 냉동

김치볶음밥

밀키트 재료 익은 김치 100g(½컵), 대파 ½대, 참치 캔 1개(85g), 밥 1공기

밀키트 양념 고춧가루 ½큰술, 간장 ½큰술, 설탕 1작은술(신 김치인 경우), 참기름 ½큰술, 통깨 약간

1개월 보관 가능

밀키트 만들기

① 김치는 한입 크기로 썰고 대파는 송송 썰어줍니다.

② 달군 팬에 참치기름 1큰술을 두르고 중간 불에 대파를 볶아주세요.

③ 대파가 살짝 노릇해지면 김치를 넣고 2~3분 정도 볶아주세요.
신 김치인 경우 설탕을 1작은술 정도 넣어주세요.

④ 기름 뺀 참치와 고춧가루, 간장을 넣고 1분 정도 섞듯이 볶아줍니다.

⑤ 마지막으로 밥을 넣고 주걱을 세워 섞듯이 볶아주세요.

⑥ 불을 끄고 참기름을 한 바퀴 두른 뒤 통깨를 약간 뿌려주세요.

⑦ 한 김 식혀 용기에 담아줍니다.

① 전자레인지 용기에 넣고 4분간 돌려줍니다.

밀키트 조리

조리 후 ▶▶▶ 냉동

햄채소 볶음밥

1~2개월 보관 가능

밀키트 재료 스팸 80g, 양파 ¼개, 대파 1대, 당근 ¼개, 찬밥 1공기, 각종 채소 약간(냉장고 사정에 맞춰 준비), 식용유 약간

밀키트 양념 간장 2작은술(또는 굴소스 2작은술)

밀키트 만들기

① 스팸은 작게 깍둑 썰고 나머지 채소는 작게 다져줍니다.

② 팬에 식용유를 두르고 중간 불에 대파를 볶아줍니다.

③ 대파 향이 올라오면 나머지 채소를 넣고 볶아주세요.

④ 양파가 투명해지면 스팸을 넣고 볶아주세요.

⑤ 재료가 다 익으면 밥과 간장 또는 굴소스를 넣고 주걱을 세워 빠르게 섞으며 볶아줍니다.

⑥ 한 김 식혀 용기에 담아줍니다.

① 전자레인지 용기에 놓고 4분간 돌려줍니다.

조리 후 ▶▶▶ 냉동

중화볶음밥

밀키트 재료 칵테일 새우 100g, 달걀 1개, 당근 ¼개, 대파 ½대, 찬밥 1공기, 식용유 약간

밀키트 양념 굴소스 1큰술, 소금 약간, 후춧가루 약간

2~3개월 보관 가능

밀키트 만들기

① 새우는 해동해서 씻은 다음 물기를 제거하고 잘게 썰어준 뒤 소금과 후춧가루로 밑간합니다.

② 당근과 대파는 다져줍니다.

③ 팬에 기름을 두르고 다진 대파를 넣고 볶아 파기름을 냅니다.

④ 새우를 넣고 볶다가 새우가 반 정도 익으면 당근을 넣고 볶아줍니다.

⑤ 볶던 재료를 한쪽으로 밀어놓고 달걀을 넣은 뒤 젓가락으로 휘저어 스크램블을 만들어주세요.

⑥ 굴소스와 밥을 넣은 뒤 주걱을 세워서 볶아주세요.

⑦ 한 김 식혀 용기에 담아줍니다.

① 전자레인지 용기에 넣고 4분간 돌려줍니다.

밀키트
조리

조리 후 ▶▶▶ 냉동

모둠김밥
(1줄 기준)

밀키트 재료 밥 1공기, 김밥용 김 1장, 소고기 소보로 50g(P. 38 참고), 시금치 30g, 우엉조림 50g(P. 244참고), 당근 ¼개, 단무지 1~2줄, 달걀 1개, 김밥용 햄 1줄, 김밥용 맛살 1줄, 식용유 약간

밀키트 양념 참기름 1작은술+약간, 통깨 1작은술, 소금 약간

1~2개월보관가능

밀키트 만들기

① 밥에 소금, 참기름 1작은술, 통깨를 넣고 섞어주세요.

② 달걀은 얇게 지단으로 부쳐 채 썰고 햄은 길게 썰어 볶아주세요. 시금치는 끓는 물에 데친 뒤 물기를 짜고 당근은 채 썬 뒤 소금을 약간 넣고 식용유에 볶아 식힌 뒤 물기를 짜냅니다. 단무지는 길게 썰어 물기를 짜냅니다.
물기를 잘 제거해야 해동한 뒤에도 물이 생기지 않습니다.

③ 김 위에 밥을 얇게 펴고 (2)와 소고기 소보로, 우엉조림, 맛살을 올려 말아주세요.
냉동할 김밥은 김 끝에 밥풀을 발라 말아주면 해동해도 풀리지 않습니다.

④ 김밥과 칼에 참기름을 바른 뒤 썬 다음 종이 포일을 층층이 깔아 냉동 용기에 담아주세요.

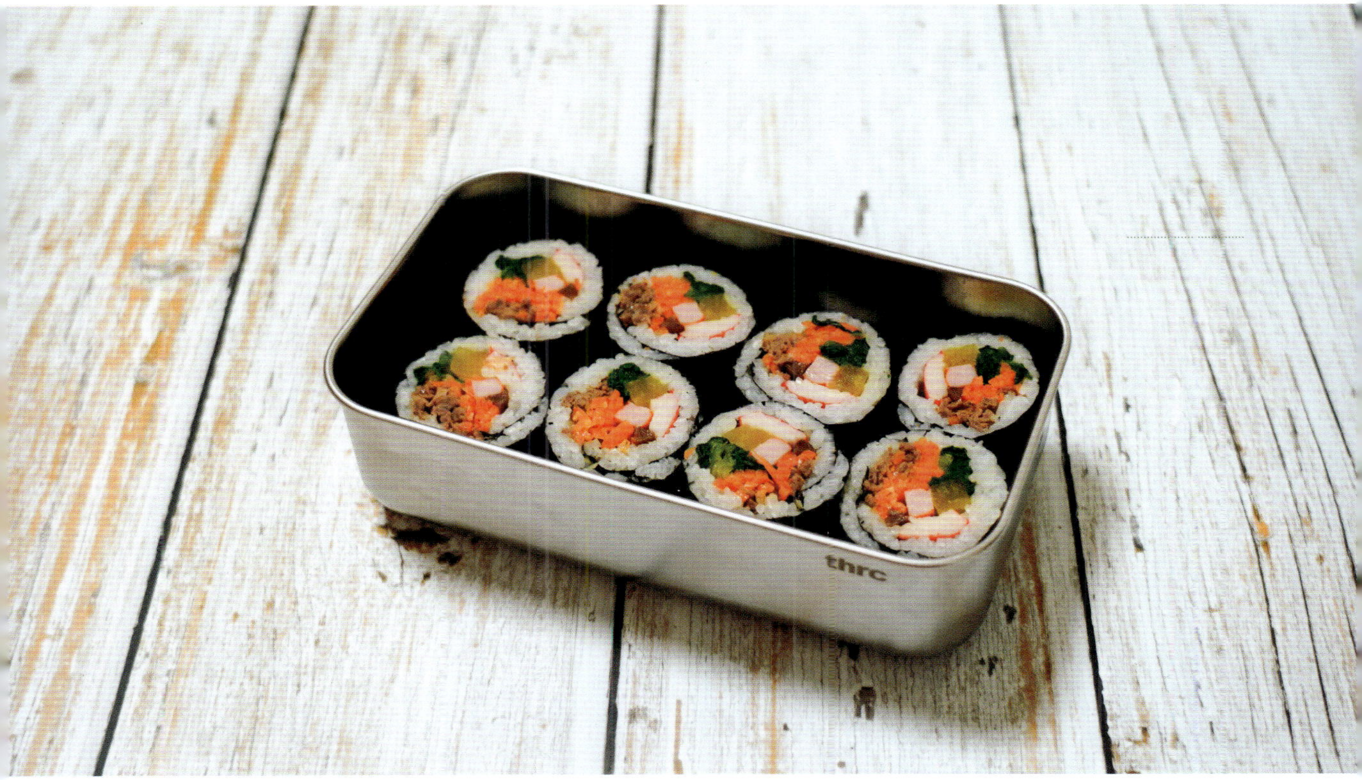

① 전자레인지용 용기에 넣고 2~3분간 돌려주세요.

밀키트
조리

골라 쓰는 도시락 밑반찬

↳ 반찬 밀키트
(골라 쓰는 밑반찬 6개씩 소분 예시)

↳ 완성된 도시락
(반찬 밀키트 + 냉동 밥)

직장 생활 하며 식비를 절약하기가 쉽지 않죠? 그렇다고 바쁘고 피곤한데 매일 아침 손이 많이 가는 도시락을 싸는 건 부담되는 일이에요. 냉동실을 잘 이용하면 이런 고민이 많은 부분 해소됩니다. 버리는 재료가 없어지는 데다, 아침에 10분이면 좋아하는 반찬을 골라 담아 도시락을 쌀 수 있죠.

일주일, 혹은 2주 단위로 한 번만 요리한다는 생각으로 반찬 다섯 가지를 넉넉하게 준비해보세요. 이렇게 소분해 냉동 보관해두면 전자레인지에 한꺼번에 넣어 2~3분만 해동하면 됩니다. 같은 반찬이라도 다른 조합으로 고를 수 있으니 질리지 않으니, 바쁜 현대인에게 딱 맞는 방법이 아닐까요?

일주일 평일 점심 식단 예시

(예시) 골라 쓰는 밑반찬 다섯 가지	달걀말이	소시지 채소볶음	베이컨 브로콜리 볶음	병아리 콩조림	매운어묵 콩나물잡채
평일	MON	TUE	WED	THR	FRI
메인 반찬	떡갈비	돈가스	닭봉구이	드라이카레	소불고기
밑반찬	· 달걀말이 · 병아리 콩조림 · 베이컨 브로콜리	· 베이컨 브로콜리 볶음 · 병아리 콩조림 · 매운어묵 콩나물잡채	· 달걀말이 · 베이컨 브로콜리 볶음 · 병아리 콩조림	· 소시지 채소볶음 · 병아리 콩조림 · 매운어묵 콩나물잡채	· 달걀말이 · 소시지 채소볶음 · 매운어묵 콩나물잡채
밥	흰밥	잡곡밥	김치 볶음밥	흰밥	잡곡밥

반조리 또는 조리 후 ▶▶▶ 냉동   **밀키트 재료**   돼지고기 등심(또는 안심) 1kg, 달걀 4개, 튀김가루 2컵(400ml), 빵가루 넉넉히, 우유 1컵(200ml), 소금 약간, 후춧가루 약간, 식용유 적당량

돈가스

밀키트 만들기

① 돼지고기는 2~3cm 두께로 자른 뒤 두드려서 얇고 넓게 만들어주세요.

② 고기 양면에 소금, 후춧가루 뿌려 밑간해주세요.

③ 튀김가루, 우유, 달걀을 섞어 반죽물을 만든 뒤 고기에 묻혀주세요.

④ 반죽물에 담근 고기에 빵가루를 묻혀주세요.
빵가루를 충분히 덮은 뒤 손바닥으로 꾹꾹 눌러 밀착시켜주세요.

⑤ 깊은 팬에 식용유를 넣어 170℃로 예열한 뒤 한 면당 3~4분씩 튀긴 다음 식혀 기름기를 제거하고 용기에 담아 냉동합니다. 혹은 튀기기 전 상태 그대로 고기 사이에 종이 포일을 끼워주고 용기에 담아 냉동합니다.

① **익힌 것**(냉동째) 오븐 조리 시 180℃로 15~20분, 에어프라이어 조리 시 180℃로 10~15분 돌려주세요.

안 익힌 것 냉장 해동(P. 18 참고) 후 170℃ 기름에서 한면에 3~4분씩 튀겨주세요.

밀키트 조리

반조리 또는 조리 후 ▶▶▶ 냉동

밀키트 재료 닭 가슴살(또는 안심) 1kg, 달걀 4개, 튀김가루 2컵(400ml), 우유 1컵(200ml), 빵가루 넉넉히, 청주 약간, 소금 약간, 후춧가루 약간, 식용유 적당량

치킨텐더

2~3개월 보관 가능

밀키트 만들기

① 닭 가슴살은 2~3cm 두께로 길게 자른 뒤 소금과 후춧가루, 청주를 뿌려 밑간해주세요.

② 튀김가루, 우유, 달걀을 섞어 반죽물을 만든 뒤 고기에 묻혀주세요.

③ 반죽물에 담근 고기에 빵가루를 묻혀주세요.

④ 깊은 팬에 식용유를 넣어 170℃로 예열한 뒤 한 면당 3~4분씩 튀긴 다음 식혀 기름기를 제거해 냉동합니다. 혹은 튀기기 전 상태 그대로 고기 사이에 종이 포일을 끼우고 용기에 담아 냉동합니다.

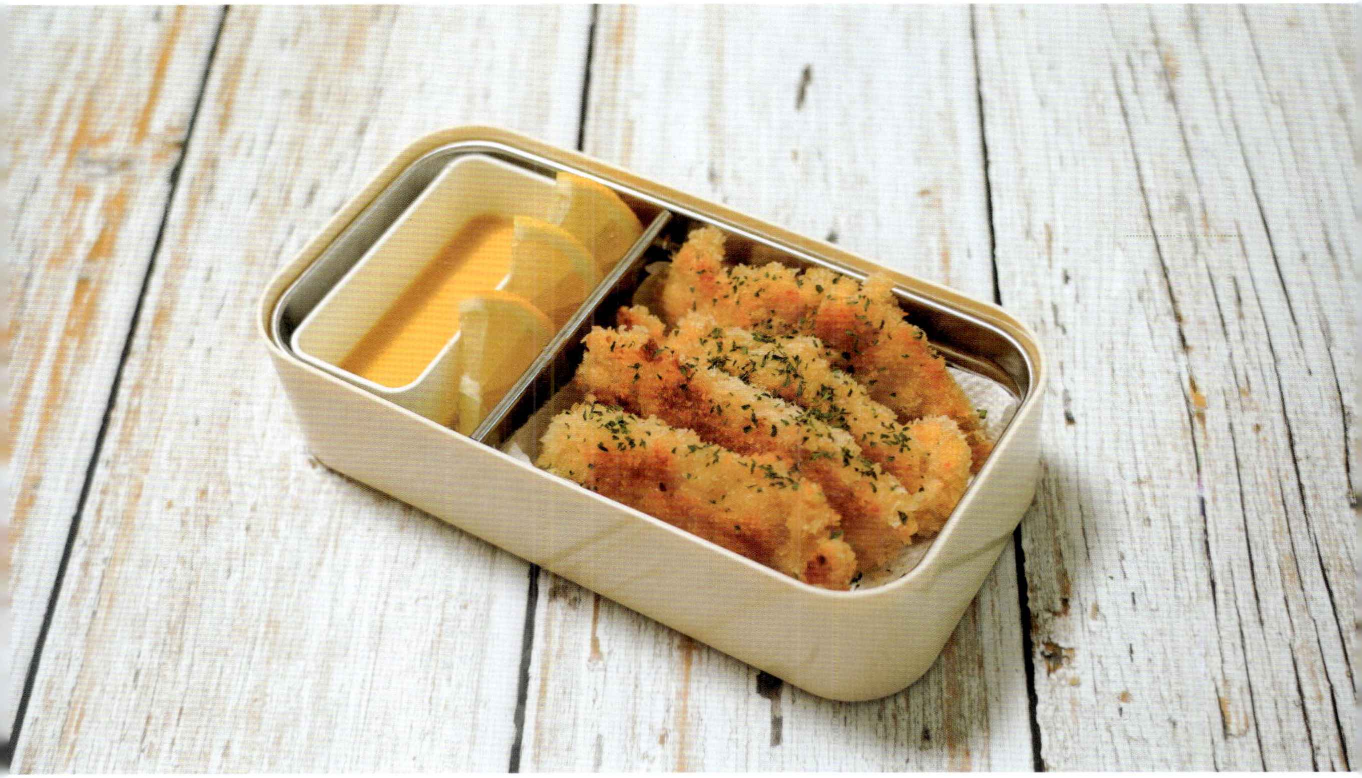

① **익힌 것**(냉동째) 오븐 조리 시 180℃로 15~20분, 에어프라이어 조리 시 180℃로 10~15분 돌려주세요.
안 익힌 것 냉장 해동(p. 18 참고) 후 팬에 기름을 넉넉히 두르고 한 면에 3~4분씩 튀겨주세요.
타르타르소스를 찍어 먹으면 맛있어요.

Tip. 타르타르소스(1인분): 마요네즈 2큰술, 다진 피클 1작은술, 다진 양파 1작은술, 레몬즙 ½작은술, 홀그레인 머스터드 ½작은술, 설탕 ¼작은술, 소금 약간, 후춧가루 약간

조리 후 ▶▶▶ 냉동

미트볼

밀키트 재료 다진 소고기 또는 돼지고기 500g, 양파 1개, 당근 ½개, 양송이버섯 3~4개, 달걀 1개, 식용유 적당량

밀키트 양념 다진 마늘 1큰술, 소금 1작은술, 후춧가루 ½작은술, 파슬리(선택) 1큰술, 치즈가루 3큰술, 빵가루 3큰술

2~3개월 보관 가능

밀키트 만들기

① 양파, 당근, 버섯은 잘게 다져주세요.
② 큰 볼에 다진 고기, 다진 채소, 달걀, 양념 재료를 넣고 섞어주세요.
③ ⑵를 빚어 지름 3~4cm 정도 크기로 동그랗게 만들어주세요.
④ 프라이팬에 식용유를 두르고 ⑶을 반 정도 익을 정도로 구워서 냉동합니다. 혹은 튀기기 전 상태 그대로 고기 사이에 종이 포일을 끼워주고 용기에 담아 냉동합니다.

① **익힌 것** (낱동째) (에어프라이어 조리 시) 에어프라이어에 180℃로 4분간 돌리고 뒤집어서 총 3~4분간 돌려주세요.

(전자레인지 조리 시) 전자레인지 용기에 넣고 3~4분간 돌려주세요.
양념을 살짝 뿌리고 뚜껑을 덮어 돌리면 촉촉하게 먹을 수 있어요.

안 익힌 것 (냄비 조리 시) 토마토소스 또는 크림소스를 붓고 냉동 미트볼을 넣습니다. 뚜껑을 덮고 10분 정도 소스가 잘 졸아들고 미트볼이 익을 때까지 조리합니다.
(에어프라이어 조리 시) 냉장 해동(P. 18 참고) 후 180℃에서 12~15분간 돌려주세요.

밀키트 조리

반조리 혹은 조리 후 ▶▶▶ 냉동

떡갈비

밀키트 재료 다진 소고기 400g, 다진 돼지고기 400g, 대파(흰 부분) 2대 분량, 양파 1개, 당근 ½개, 식용유 약간

밀키트 양념 간장 6큰술, 미림 3큰술, 설탕 1+½큰술, 다진 마늘 3큰술, 빵가루 5큰술

2~3개월 보관 가능

밀키트 만들기

① 다진 고기는 키친타월로 꾹꾹 눌러 핏물을 제거합니다.

② 대파, 양파, 당근은 너무 작지 않게 다져주세요.

③ 볼에 다진 채소, 다진 고기, 양념 재료를 모두 넣어 치대며 섞어 동그란 모양으로 빚어줍니다.
오래 치댈수록 테두리가 갈라지지 않고 부드러워집니다. 너무 두껍지 않게 빚고, 가운데 부분을 살짝 누르면 고기가 고르게 익습니다.

④ 팬에 기름을 두르고 중약불에 천천히 속까지 익혀줍니다.

⑤ 익은 떡갈비를 용기에 차곡차곡 담아주세요. 굽지 않고 냉동할 때는 하나씩 랩으로 싸거나, 고기 사이에 종이 포일을 넣어 서로 붙지 않도록 합니다.

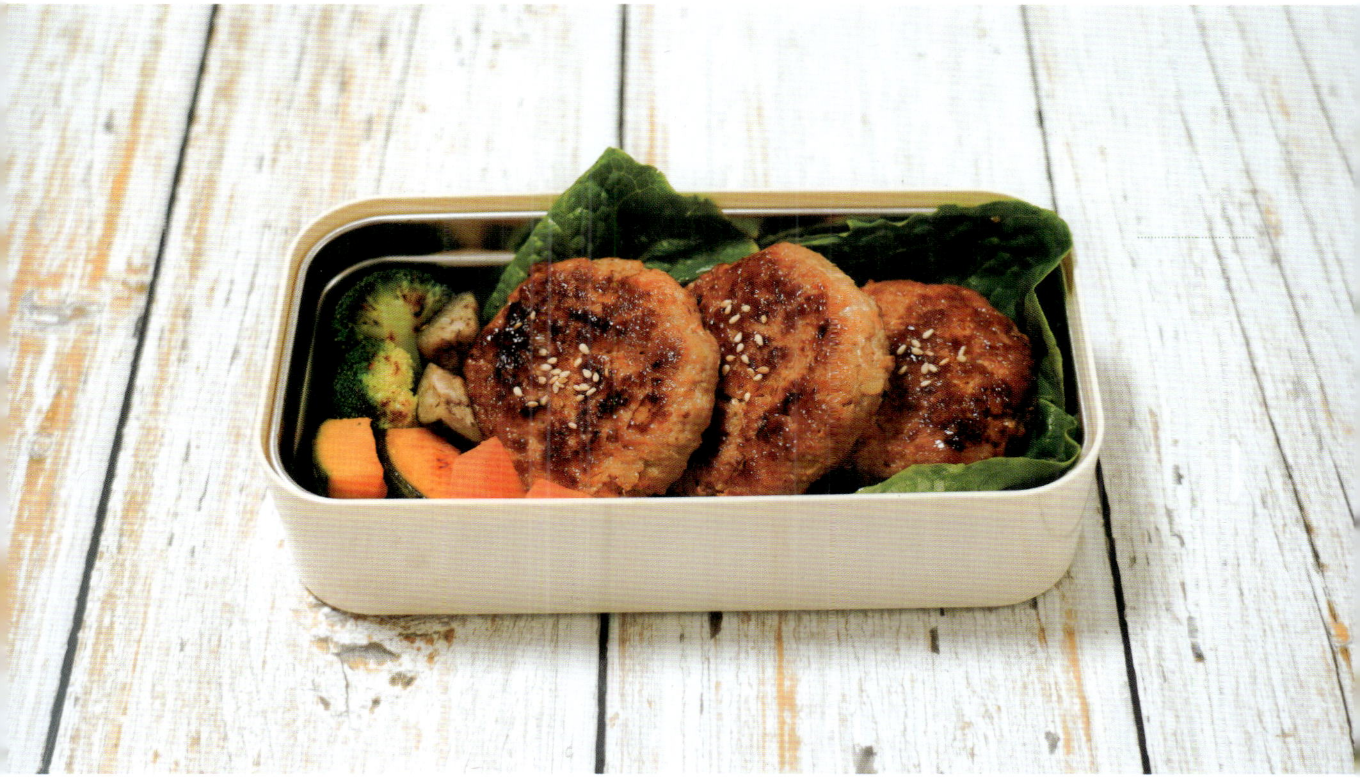

① **익힌 것**(냉동째) 전자레인지용 용기에 넣고 3분간 돌려주세요.
안 익힌 것 냉장 해동(P. 18 참고)한 다음 팬에 약한 불로 앞뒤로 굽거나, 180℃ 오븐에 넣어 8분간 익힌 뒤 뒤집어 5분 더 구워주세요

밀키트 조리

조리 후 ▶▶▶ 냉동

청양마늘 닭봉구이

2~3개월 보관 가능

밀키트 재료 닭 봉 20개, 청양고추 6개

밀키트 양념 맛술 1큰술, 소금 약간, 후춧가루 약간, 간장 2+½큰술, 꿀 4큰술, 다진 마늘 2큰술, 버터 2큰술, 물 50ml

밀키트 만들기

① 닭 봉은 키친타월로 물기를 제거한 뒤 소금, 후춧가루, 맛술로 밑간해줍니다.

② 속까지 잘 익도록 닭 봉에 칼집을 내주세요.

③ 청양고추는 잘게 다져줍니다.

④ 프라이팬에 버터를 둘러 닭 봉을 반 정도 구워주세요.

⑤ 간장, 꿀, 다진 마늘, 다진 청양고추, 물을 섞은 뒤 넣어 조립니다.

⑥ 완전히 식힌 다음 냉동 용기에 담아주세요.

① (에어프라이어 조리 시) 냉동된 상태로 180℃로 예열한 에어프라이어에 10~15분 정도 구워주세요. 중간에 한번 뒤집어주세요.

(전자레인지 조리 시) 냉장 해동(P. 18 참고)한 다음 전자레인지용 용기에 넣고 3~4분 돌려주세요.

(프라이팬 조리 시) 냉장 해동(P. 18 참고)한 다음 팬에 밀키트를 넣은 뒤 중간 불로 5분 정도 조려주세요.

밀키트 조리

반조리 후 ▶▶▶ 냉동   **밀키트 재료**   베이컨 3~4줄, 아스파라거스 6~8줄기, 송이버섯 1~2개, 파프리카 ½개

베이컨 채소말이

1~2개월 보관 가능

밀키트 만들기

① 베이컨은 반으로 잘라주세요.

② 아스파라거스는 단단한 밑동을 잘라내고 반으로 잘라주세요. 송이버섯과 파프리카는 길게 채 썰어주세요.

③ 베이컨에 준비한 채소를 적당히 올려 말아준 뒤 용기에 차곡차곡 담아주세요.

조리 시 재료　　　식용유 적당량

① 　　(프라이팬 조리 시) 팬에 식용유를 약간 넣고 뒤집어가며 중간 불에서 10분간 구워줍니다.
(에어프라이어 조리 시) 180℃로 예열한 에어프라이어에 10~15분간 구워줍니다. 중간에 한번 뒤집어주세요.

밀키트 조리

조리 후 ▶▶▶ 냉동

드라이 카레

2~3개월 보관 가능

밀키트 재료 다진 소고기 혹은 돼지고기 500g, 양파 2개, 당근 1개, 감자 2개

밀키트 양념 버터 1큰술, 다진 마늘 1큰술, 카레가루 6큰술, 케첩 3큰술, 돈가스소스 (또는 우스터소스) 3큰술, 고춧가루 3큰술(선택), 후춧가루 약간

밀키트 만들기

① 양파, 당근, 감자는 다져줍니다.

② 카레가루, 케첩, 돈가스소스, 고춧가루(선택)를 섞어서 준비합니다.

③ 웍에 버터를 녹인 뒤 다진 양파, 다진 마늘을 넣고 볶아주세요.

④ 양파가 살짝 투명해지면 고기, 당근, 감자를 넣고 수분이 날아가도록 강한 불에 볶아주세요.

⑤ (2)의 섞어둔 양념을 넣고 재료와 함께 볶아주세요.

⑥ 후춧가루를 넣고 섞은 뒤 불을 끄고 식혀줍니다.

⑦ 한 번 먹을 분량만큼 소분해 냉동 용기에 담아줍니다.

① **해동 후 조리 시** 냉장실로 옮겨 천천히 해동(P. 18 참고)하고 냄비에 넣어 물을 약간 추가한 후 가열합니다.

냉동 상태로 조리 시

(전자레인지 조리 시) 전자레인지용 용기에 넣고 2~3분간 돌려주세요.

(프라이펜 조리 시) 팬에 냉동한 카레와 물을 약간 넣고 뚜껑을 덮은 뒤 약한불에서 해동한 다음 뚜껑을 열고 물기를 날리며 볶습니다.

냄비에 냉동한 카레와 물을 300~500㎖ 정도 넣고 끓여 일반 카레처럼 부드럽게 먹어도 좋아요

밀키트 조리

조리 후 ▶▶▶ 냉동

유니짜장

밀키트 재료 다진 돼지고기 400g, 양배추 ¼통, 양파 1개, 당근 ½개, 감자 1개, 대파 1대

밀키트 양념 맛술 1큰술, 식용유 6큰술, 가루 짜장 6큰술, 물 600ml, 다진 마늘 2큰술

2~3개월 보관 가능

밀키트 만들기

① 채소는 모두 잘게 다져줍니다.

② 팬에 식용유를 두르고 다진 양파를 넣어 볶아주세요.

③ 양파가 투명해지면 고기와 남은 채소, 다진 마늘을 추가해 볶아주세요.

④ 고기가 익으면 맛술과 가루 짜장을 넣고 잘 섞어준 뒤 물을 넣고 저어줍니다.

⑤ 약한 불로 15~20분 정도 뭉근히 끓여주세요.

⑥ 불을 끄고 식혀서 한 번 먹을 분량으로 소분해 용기에 담아줍니다.

① **해동 후 조리 시** 냉장실로 옮겨 천천히 해동(P. 18 참고)하고 물을 약간 추가해 냄비에서 가열해줍니다.

냉동 상태로 조리 시

(전자레인지 조리) 전자레인지 용기에 넣고 3~4분간 돌려주세요.

(프라이팬 조리 시) 팬에 냉동 밀키트, 물 약간을 넣고 뚜껑을 덮은 뒤 약한 불에 해동해주세요. 그런 다음 뚜껑을 열고 물기를 날리며 볶아주세요.

밥, 중화 면 위에 올려 비벼 먹거나 떡과 함께 가열해 짜장떡볶이를 만들어도 맛있어요.

밀키트 조리

조리 후 ▶▶▶ 냉동

두부강된장

밀키트 재료 당근 1개, 애호박 1개, 송이버섯 1개, 양파 1개, 대파 1대, 두부 1모, 식용유 적당량

밀키트 양념 된장 4큰술, 고춧가루 1+½큰술, 다진 마늘 3큰술, 올리고당 1큰술, 물 650ml

3개월 보관 가능

밀키트 만들기

① 당근, 애호박, 송이버섯, 양파, 대파는 다져서 준비해주세요.
② 팬에 식용유를 넉넉히 두른 뒤 다진 당근, 애호박, 송이버섯, 양파를 넣고 볶아줍니다.
③ 팬에 된장을 넣고 식용유가 스며들도록 재료와 함께 잘 볶아주세요.
④ 팬에 나머지 양념 재료를 모두 넣고 섞은 뒤 끓여주세요.
⑤ 끓어오르면 두부를 으깨서 넣고 다진 대파를 넣어줍니다.
⑥ 원하는 농도로 졸인 뒤 불을 끄고 식혀주세요.
⑦ 한 번 먹을 분량으로 소분해 용기에 담아줍니다.

① **해동 후 조리 시** 냉장실로 옮겨 천천히 해동(P. 18 참고)하고 팬에 넣어 볶아주세요.

냉동 상태로 조리 시

(전자레인지 조리) 전자레인지 용기에 넣고 3~4분간 돌려주세요.

(프라이팬 조리 시) 팬에 냉동 밀키트, 물 약간을 넣고 뚜껑을 덮은 뒤 약한 불에 해동해주세요. 그런 다음 뚜껑을 열고 물기를 날리며 볶아주세요.

밀키트 조리

조리 후 ▶▶▶ 냉동

달걀말이

밀키트 재료 달걀 6개, 대파 ⅓대, 당근 ¼개, 양파 ¼개, 스팸 100g, 식용유 약간

밀키트 양념 미림 2큰술, 참치액 1큰술

1~2개월 보관 가능

밀키트 만들기

① 대파, 양파, 당근은 작게 다져주세요.

② 스팸은 칼 옆날로 으깨 잘게 다져주세요.

③ 볼에 (1), (2)를 담은 뒤 달걀과 양념 재료를 모두 넣어 섞어줍니다.

④ 팬에 식용유를 두른 뒤 달걀물을 약간씩 넣어가며 말아주세요.

⑤ 먹기 좋은 크기로 썬 다음 식혀 간격을 두고 1회분씩 소분해 냉동 용기에 담아주세요.

① 전자레인지 용기에 넣고 1~2분간 돌려주세요.

밀 카트
조리

조리 후 ▶▶▶ 냉동

소시지 채소볶음

밀키트 재료 소시지 400g, 빨간 파프리카 ⅔개, 노란 파프리카 ⅔개, 양파 ⅔개, 마늘 6톨, 식용유 약간

밀키트 양념 케첩 3큰술, 돈가스소스 3큰술, 굴소스 ½큰술, 통깨 약간

1~2개월 보관 가능

밀키트 만들기

① 파프리카, 양파는 깍둑 썰고 마늘은 편 썰고, 소시지는 칼집을 내주세요.

② 팬에 식용유를 두른 뒤 마늘, 소시지, 채소와 양념 재료순(통깨 제외)으로 넣고 볶아주세요.

③ 불을 끄고 통깨를 뿌려 마무리한 뒤 1회분씩 소분해 냉동 용기에 담아주세요.

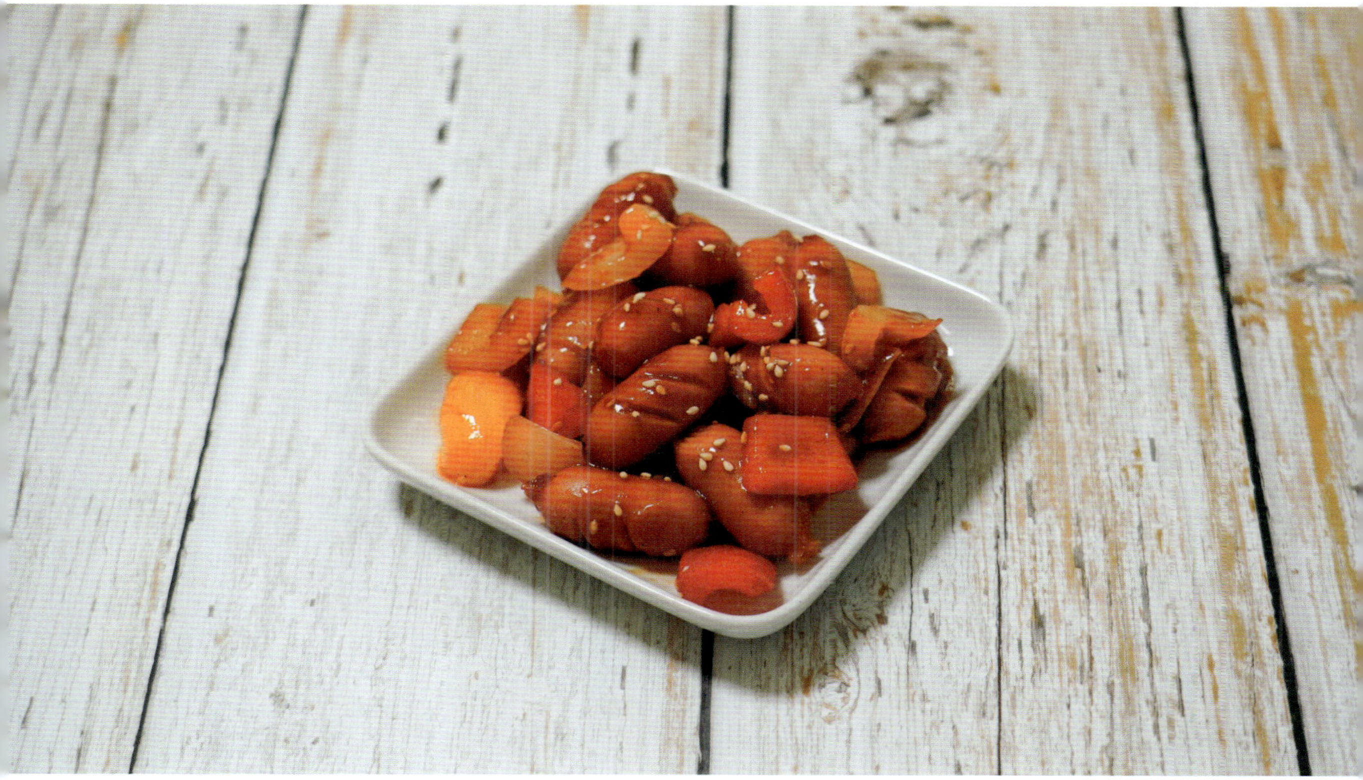

① 전자레인지 용기에 넣고 1~2분간 돌려주세요.

밀키트
조리

조리 후 ▶▶▶ 냉동

베이컨 브로콜리볶음

밀키트 재료   브로콜리 1송이, 베이컨 200g, 마늘 5톨, 식용유 약간

밀키트 양념   소금 1작은술, 후춧가루 약간, 통깨 약간

1~2개월 보관 가능

밀키트 만들기

① 브로콜리는 깨끗이 씻은 뒤 소금물(물 1L당 소금 1큰술)이나 식초물(물 1L당 식초 1큰술)을 넣은 볼에 10분간 거꾸로 담가 잔류 농약과 이물질, 벌레를 제거합니다.

② 브로콜리 잎 부분은 먹기 좋은 크기로 썰고, 줄기 부분의 단단한 심은 잘라낸 뒤 껍질을 제거한 다음 얇게 슬라이스해줍니다.

③ 베이컨은 1cm 정도로 썰고 마늘은 편 썰어주세요.

④ 팬에 식용유를 두르고 마늘, 베이컨, 브로콜리 순으로 넣고 볶아주세요.

⑤ 소금과 후춧가루로 간한 뒤 불을 끄고 통깨를 뿌려 마무리합니다.

⑥ 식혀서 1회분씩 소분해 냉동 용기에 담습니다.

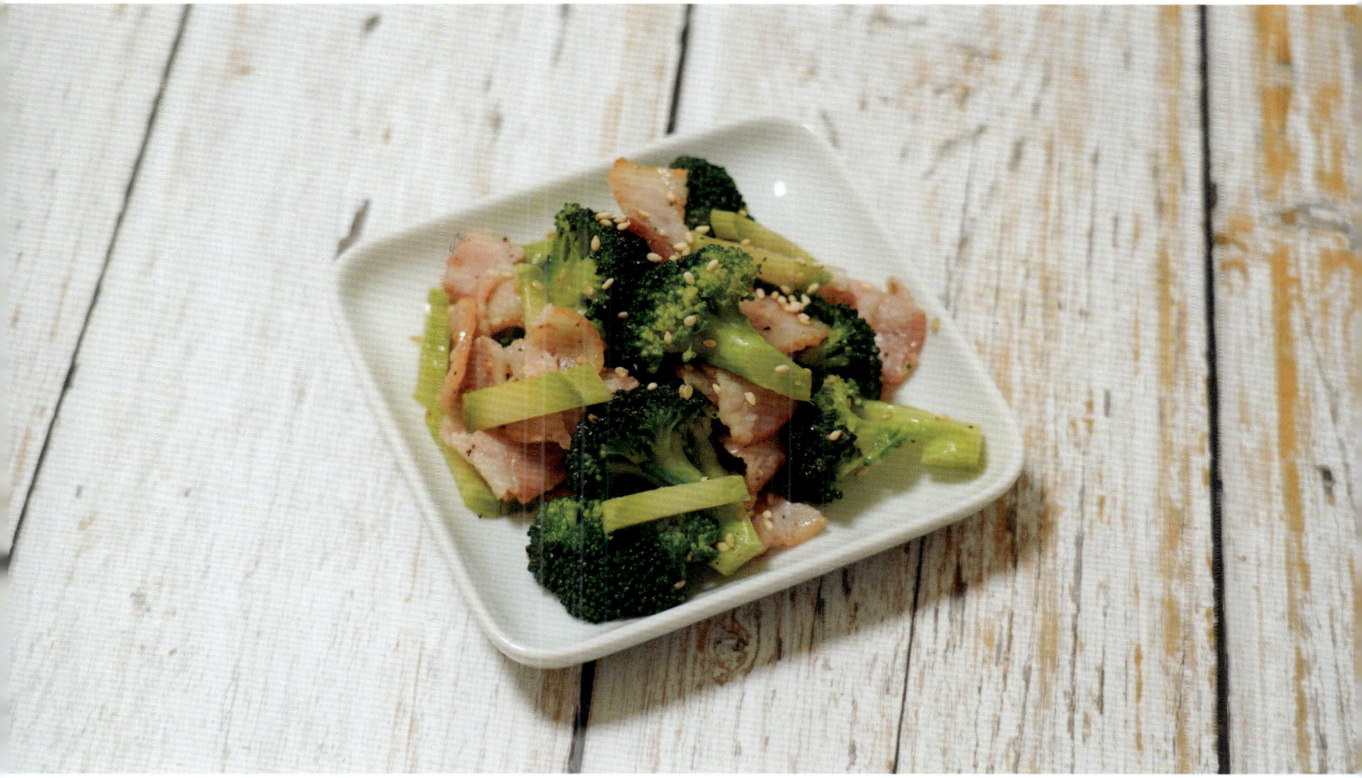

밀키트 조리

① 전자레인지 용기에 넣고 1~2분간 돌려주세요.

조리 후 ▶▶▶ 냉동

표고버섯 버터볶음

3개월 보관 가능

밀키트 재료 표고버섯(느타리버섯으로 대체 가능) 10개, 대파 1대

밀키트 양념 버터 2~3큰술, 간장 1큰술, 다진 마늘 1작은술, 후춧가루 약간

밀키트 만들기

① 버섯은 밑동을 잘라내고 먹기 좋은 크기로 썰어줍니다.

② 대파는 길게 채 썰어주세요.

③ 팬에 버터를 녹인 뒤 다진 마늘을 볶다가 향이 올라오면 바로 표고버섯을 넣고 볶아줍니다.
버터를 한번에 다 넣지 말고 중간중간 추가해가며 볶아주세요.

④ 한쪽에 간장을 넣고 부르르 끓어오르면 섞어줍니다.

⑤ 마지막으로 후춧가루, 채 썬 대파를 넣고 섞듯이 약간 더 볶아줍니다.

⑥ 불을 끄고 식혀 1회분씩 소분해 냉동 용기에 담아줍니다.

① (전자레인지 조리 시) 전자레인지 용기에 넣고 1~2분간 돌려주세요.
버섯은 전자레인지 조리 시 물이 많이 생깁니다.

(프라이팬 조리 시) 냉동된 상태 그대로 넣고 볶아줍니다.

밀키트
조리

조리 후 ▶▶▶ 냉동

감자연근 당근조림

3개월 보관 가능

밀키트 재료 감자 2개, 연근 100g, 당근 1개, 식용유 1큰술

밀키트 양념 간장 2큰술, 설탕 1큰술, 다진 마늘 1작은술, 물 120ml, 올리고당 1큰술, 참기름 약간, 통깨 약간

밀키트 만들기

① 감자는 깍둑 썰고, 당근은 얇게 반달 모양으로 썰고, 연근은 껍질을 벗겨 얇게 편 썰어주세요.

② 연근은 식감이 단단하므로 끓는 물에 2~3분 데쳐 쓴맛과 떫은맛을 제거합니다.

③ 팬에 식용유를 두른 뒤 감자, 연근, 당근을 넣고 중간 불에서 2~3분간 노릇하게 볶아줍니다.

④ 감자가 반 정도 익었을 때 간장, 설탕, 다진 마늘, 물을 넣고 섞은 뒤 약한 불에 천천히 조려주세요. 재료가 모두 부드러워지면 올리고당을 넣고 섞어주세요.

⑤ 불을 끄고 참기름과 통깨를 뿌려줍니다.

⑥ 식혀서 1회분씩 소분해 냉동 용기에 담아줍니다.

① 전자레인지 용기에 넣고 2분간 돌려주세요.

밀키트
조리

조리 후 ▶▶▶ 냉동

고추장떡

밀키트 재료 깻잎 20장, 청양고추 3개, 홍고추 1개, 식용유 약간

밀키트 양념 고추장 2큰술, 된장 ½큰술, 밀가루 2컵, 물 2컵

3개월 보관가능

밀키트 만들기

① 깻잎은 돌돌 말아 채 썰고 청양고추와 홍고추는 다져주세요.

② 물에 고추장과 된장을 풀고 밀가루를 넣어 반죽을 만듭니다.

③ 반죽에 손질해둔 깻잎, 청양고추, 홍고추를 넣고 섞어주세요.

④ 팬에 식용유를 두르고 달군 다음 한입 크기로 반죽을 떠 넣고 부쳐주세요.

⑤ 테두리 부분이 익으면 뒤집어서 앞뒤로 노릇하게 부쳐줍니다.

⑥ 다 부친 전은 식힌 뒤 종이 포일을 끼워 냉동 용기에 담아주세요.

조리 시 재료　　　식용유 약간(프라이팬 조리 시)

① (전자레인지 조리 시) 전자레인지 용기에 넣고 1~2분간 돌려주세요.

(에어프라이어 조리 시) 170℃로 예열한 에어프라이어에 5~7분간 구워주세요. 중간에 한번 뒤집어주세요.

(프라이팬 조리 시) 팬에 식용유를 두른 뒤 구워주세요.

밀키트 조리

조리 후 ▶▶▶ 냉동

해물부추전

밀키트 재료 부추 150g, 오징어 1마리(100g), 청양고추 2개, 홍고추 1개, 식용유 약간
밀키트 양념 물 1+½컵, 부침가루 1+½컵, 소금 약간, 후춧가루 약간

2~3개월 보관 가능

밀키트 만들기

① 부추는 4cm 길이로 썰고 청양고추와 홍고추는 얇게 송송 썰어주세요.

② 오징어는 손질한 뒤 깨끗이 씻고 물기를 제거해주세요.

③ 몸통은 링 모양으로 썰고 다리는 적당한 크기로 썰어주세요.

④ 볼에 부침가루와 물을 넣고 섞어 반죽을 만들어줍니다.
　흘러내릴 정도의 농도가 되도록 해주세요.

⑤ 반죽에 오징어와 부추, 청양고추, 홍고추, 소금과 후춧가루를 넣고 섞어주세요. 그런 다음 식용유를 둘러 달군 프라이팬에 한입 크기로 반죽을 넣고 부쳐주세요.

⑥ 테두리 부분이 익으면 뒤집어서 앞뒤로 노릇하게 부쳐줍니다.

⑦ 다 부친 전은 식힌 뒤 종이 포일을 끼워 냉동 용기에 담아주세요.

조리 시 재료   식용유 약간 (프라이팬 조리 시)

① (전자레인지 조리 시) 전자레인지 용기에 넣고 1~2분간 돌려주세요.

(에어프라이어 조리 시) 170℃로 예열한 에어프라이어에 5~7분간 구워주세요.
중간에 한번 뒤집어주세요.

(프라이팬 조리 시) 팬에 식용유를 두른 뒤 구워주세요.

Tip. 오징어 손질법
1. 몸통과 다리를 살짝 잡아당겨 분리해주세요.
2. 다리에 붙은 입을 떼어내고, 다리와 몸통에 붙은 내장을 떼어냅니다. 그런 다음 투명한 등뼈(플라스틱처럼 생긴 부분)를 제거합니다.
3. 몸통의 껍질을 칼끝으로 긁어내어 벗겨줍니다.

조리 후 ▶▶▶ 냉동 **밀키트 재료**   매생이 300g, 부침가루 1+½컵, 물 1+½컵, 식용유 적당량, 청양고추 3개, 홍고추 2개

매생이전

3개월 보관가능

밀키트 만들기

① 매생이는 물에 두 번 정도 씻어 가위로 잘게 잘라줍니다.

② 청양고추는 꼭지를 제거한 뒤 잘게 다지고 홍고추는 어슷 썰어주세요.

③ 부침가루와 물을 덩어리가 지지 않게 잘 섞은 뒤 매생이와 청양고추를 넣고 섞어주세요.

④ 프라이팬에 식용유를 넉넉히 두른 뒤 반죽을 한 숟가락씩 떠 원형으로 고르게 펴주세요.

⑤ 홍고추를 가운데에 하나씩 올린 뒤 뒤집어 눌러가며 구워주세요.

⑥ (5)를 식힌 다음 종이 포일을 끼워 냉동 용기에 담아주세요.

조리 시 재료	식용유 약간(프라이팬 조리 시)

① (전자레인지 조리 시) 전자레인지 용기에 넣고 1~2분간 돌려주세요.

(에어프라이어 조리 시) 170℃로 예열한 에어프라이더에 5~7분간 구워주세요.
중간에 한번 뒤집어주세요.

(프라이팬 조리 시) 팬에 식용유를 두른 뒤 구워주세요.

밀키트 조리

조리 후 ▶▶▶ 냉동

두부강정

밀키트 재료 두부 1모(300~400g), 전분 3큰술, 소금 약간, 후춧가루 약간, 식용유 약간

밀키트 양념 고추장 1큰술, 케첩 2큰술, 물엿 2큰술, 간장 1큰술, 다진 마늘 1작은술, 설탕 1작은술

3개월 보관 가능

밀키트 만들기

① 두부는 키친타월로 물기를 충분히 제거한 뒤 깍둑 썰어주세요.

② 두부에 소금, 후춧가루를 뿌려 간한 뒤 전분을 골고루 묻혀주세요.

③ 팬에 식용유를 충분히 두르고 두부를 튀기듯 구워주세요. 익으면 불을 끄고 완전히 식힙니다.

④ 다른 팬에 양념 재료를 모두 넣고 섞어서 중간 불에 끓여주세요.

⑤ ⑷에 ⑶을 넣어서 버무린 후 서로 달라붙지 않도록 종이 포일로 소량씩 나눠 담아 냉동합니다.

① 전자레인지 용기에 넣고 2분간 돌려주세요.

조리 후 ▶▶▶ 냉동

진미채 볶음

2~3개월 보관 가능

밀키트 재료 진미채 300g, 식용유 약간

밀키트 양념 마요네즈 3큰술, 고추장 1+½큰술, 고춧가루 2큰술, 간장 2큰술, 설탕 1큰술, 물엿 2큰술, 다진 마늘 1큰술, 참기름 1큰술, 통깨 약간

밀키트 만들기

① 진미채는 부드럽게 만들기 위해 물에 1~2분간 살짝 헹군 뒤 물기를 제거하고 마요네즈를 넣어 버무려줍니다.

② 볼에 고추장, 고춧가루, 간장, 설탕, 물엿, 다진 마늘을 섞어 양념을 만들어주세요.

③ 팬에 식용유를 약간 두르고 중간 불에서 1~2분 정도 양념을 살짝 볶아주세요.

④ 진미채를 넣고 양념을 골고루 묻힌다는 느낌으로 섞으며 볶아줍니다.

⑤ 불을 끄고 참기름을 넣어 섞은 뒤 통깨를 뿌려주세요.

⑥ 식혀서 1회분씩 소분해 냉동 용기에 담아주세요.

① 실온에서 자연 해동하거나 냉장실에서 천천히 해동(ㄱ. 18 참고)해 그대로 먹어도 됩니다.

밀키트
조리

조리 후 ▶▶▶ 냉동

우엉조림

밀키트 재료 우엉 2개(400g), 식용유 약간

밀키트 양념 식초 1큰술, 물 1컵, 진간장 4큰술, 물엿 3큰술, 참기름 1큰술, 통깨 약간

밀키트 만들기

① 우엉은 물에 깨끗이 씻은 뒤 칼등으로 껍질을 벗긴 다음 채 썰어주세요.

② 물에 채 썬 우엉, 식초를 넣어 20분 정도 담가 갈변을 방지하고, 아린 맛을 제거해 주세요. 그런 다음 다시 한번 씻어서 물기를 제거합니다.

③ 식용유를 두른 팬에 강한 불로 3분간 우엉을 볶아주세요.

④ 물, 진간장, 물엿 1큰술을 넣고 섞은 뒤 뚜껑을 닫고 중간 불에 10분 정도 조립니다.

⑤ 뚜껑을 열고 섞으며 수분을 날린 뒤 물엿 2큰술을 추가로 넣고 5분 정도 뒤적이며 볶아주세요.

⑥ 불을 끄고 참기름과 통깨를 뿌린 뒤 섞어줍니다.

⑦ 식혀서 1회분씩 소분해 냉동 용기에 담아줍니다.

① (전자레인지 조리 시) 전자레인지 용기에 넣고 2~3분간 돌려주세요.

(냉장 해동 시) 냉장실에서 천천히 해동(P. 18 참고)해 그대로 먹어도 됩니다.

밀키트 조리

조리 후 ▶▶▶ 냉동

밀키트 재료   불린 병아리콩 300g(건조 상태 150g), 물 600ml, 다시마 2장

밀키트 양념   올리고당 2큰술, 간장 3큰술, 맛술 1큰술, 들기름 ½큰술, 통깨 1작은술

병아리콩 조림

3개월 보관 가능

밀키트 만들기

① 병아리콩은 물에 담가 냉장고에 넣은 뒤 하루 불려 준비합니다.

② 냄비에 물, 다시마를 넣고 불린 병아리콩을 넣어 강한 불에 10분 정도 끓여주세요.

③ 다시마를 건져내고 올리고당, 간장, 맛술을 넣고 중간 불로 조려주세요.

④ 국물이 자작하게 졸아들면 들기름, 통깨를 넣고 섞은 뒤 불을 꺼주세요.

⑤ 식혀서 1회분씩 소분해 냉동 용기에 담아줍니다.

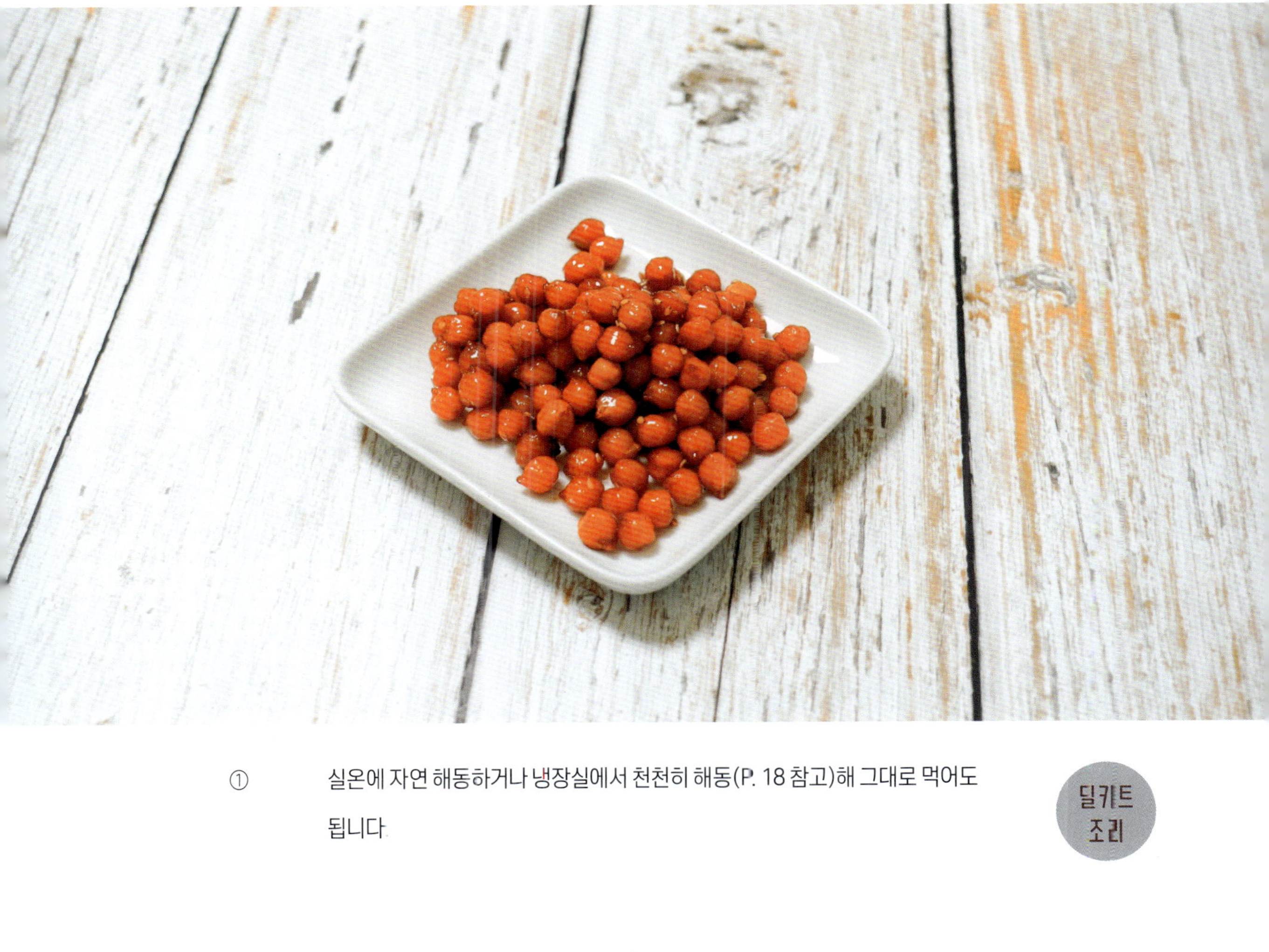

① 실온에 자연 해동하거나 냉장실에서 천천히 해동(P. 18 참고)해 그대로 먹어도 됩니다.

딜키트 조리

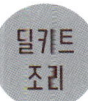

조리 후 ▶▶▶ 냉동

콩나물 어묵잡채

1~2개월보관가능

밀키트 재료 당면 200g, 어묵 3장(130g), 콩나물 200g, 양파 ½개, 물 100ml

밀키트 양념 간장 3큰술, 굴소스 1큰술, 맛술 2큰술, 고춧가루 2큰술, 다진 마늘 1큰술, 설탕 1큰술, 후춧가루 약간, 식용유 2큰술, 참기름 1큰술, 통깨 약간

밀키트 만들기

① 당면은 미리 찬물에 30분 정도 불려줍니다.
찬물에 담가 1시간 이상 불리면 식감이 더 탱탱해집니다.

② 양파는 채 썰고 어묵은 1cm 정도 간격으로 잘라줍니다.

③ 팬에 콩나물, 불린 당면, 양파, 어묵을 넣고 물을 부은 뒤 뚜껑을 닫고 5분간 쪄주세요.

④ 참기름, 통깨를 제외한 양념 재료를 섞어 (3)에 넣은 뒤 섞어가며 볶아주세요.

⑤ 불을 끄고 참기름, 통깨를 넣고 섞어준 뒤 불을 꺼주세요.

⑥ 식혀서 1회분씩 소분해 냉동 용기에 담아줍니다.

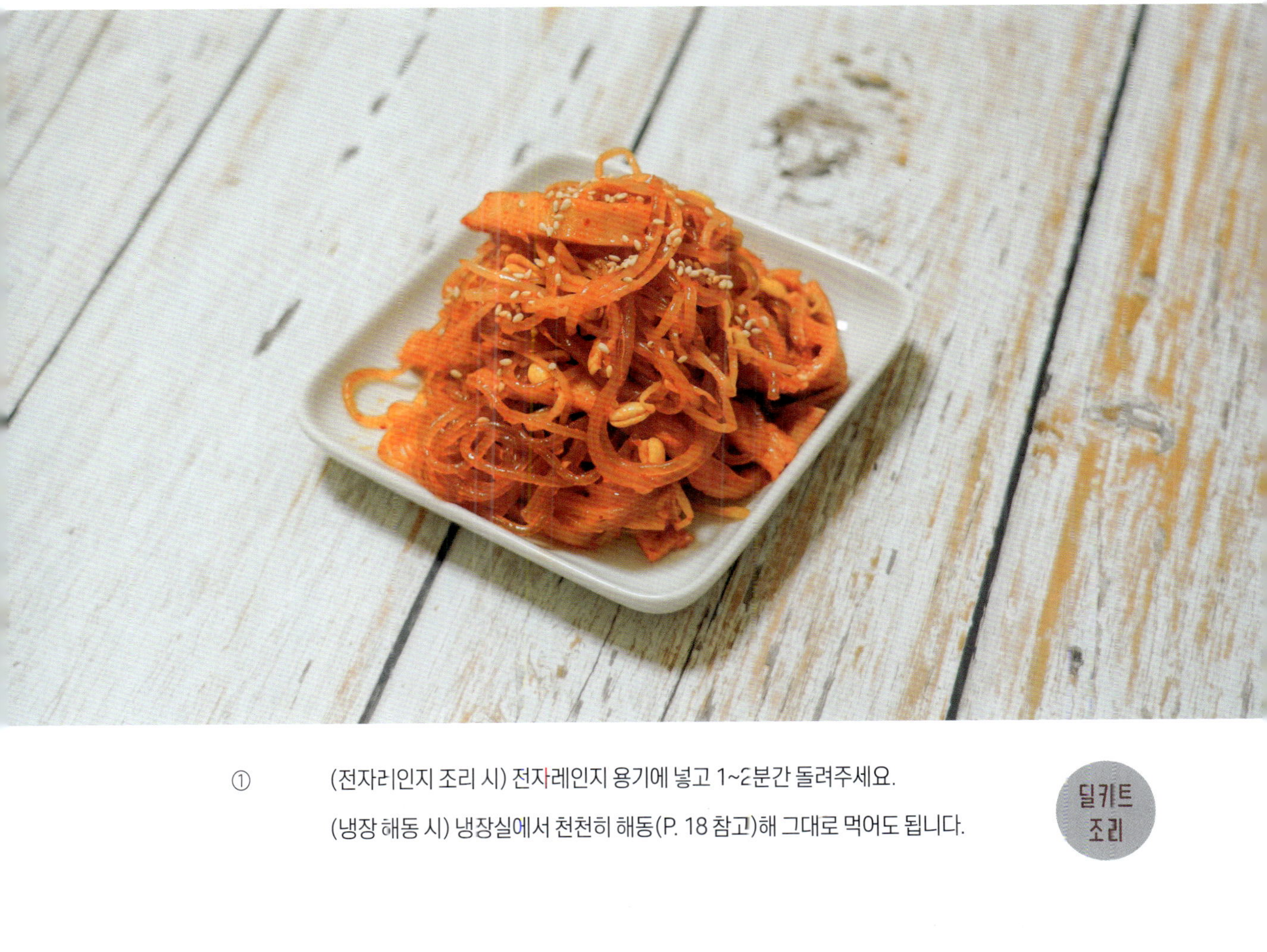

① (전자리인지 조리 시) 전자레인지 용기에 넣고 1~2분간 돌려주세요.
(냉장 해동 시) 냉장실에서 천천히 해동(P. 18 참고)해 그대로 먹어도 됩니다.

딜키트 조리

PART 3.
샐러드 편

※ 일러두기

· 각 레시피는 1회 분량 기준입니다. 1인분 이상일 경우 별도로 표시되어 있습니다.

· 채소는 세척 후 손질합니다.

· 비조리 식품은 상온 해동보다는 냉장 해동(P. 18 참고)을 권장하며 부득이하게 상온 해동을 할 경우 1시간 이내의 해동 시간을 지킬 것을 권고합니다.

· 전자레인지를 이용해 해동할 경우, 뚜껑을 살짝 열어둔 채로 해동하세요.

· 전자레인지와 에어프라이어는 사양에 따라 조리 시간이 달라질 수 있습니다. 이 책의 전자레인지 해동 시간은 1100W 기준입니다. 출력이 낮을 경우 해동 시간을 더 늘려주세요.

· 진공포장은 냉동 보관할 어육류에 한해 권장하며, 과일, 채소는 식품의 과숙이나 무름 등을 유발할 수 있습니다. 냉동 보관할 어육류에 한해서만 진공포장을 권장합니다.

· 책에 수록된 밀키트 사진은 이해를 돕기 위한 이미지입니다. 반드시 상세 설명을 읽고 따라 하시길 바랍니다.

기적의 냉동 밀프렙

포케·병·프리저 메시트

포케

포케 밀프렙은 기본적인 채소로 기본형을 만들고, 각각의 메인 토핑과 드레싱은 따로 만들어 보관해야 합니다. 또 최대한 밀폐 가능한 용기를 사용해 식재료가 산화되는 시간을 지연시키는 것도 중요합니다. 이 방법은 미리 준비한 채소와 재료가 신선도를 오래 유지하도록 해줍니다. 먹을 때는 기본형에 메인 토핑을 올린 뒤 취향에 맞게 드레싱을 뿌리세요.

		재료	보관법
기본형	필수	양상추	냉장
		적양배추	냉장
		통조림 옥수수	냉장
		방울토마토	냉장
		오이	냉장
		적양파	냉장
	선택	삶은 병아리콩	냉장 / 냉동
		삶은 키노아	냉장 / 냉동
		현미밥	냉장 / 냉동
		게맛살	냉장 / 냉동
		마늘 플레이크	냉장 / 냉동
메인 토핑	필수	레시피 중 택 1	

병 샐러드

싱싱한 잎채소가 무거운 재료에 눌리지 않도록 무겁고 단단한 재료를 아래 놓고, 그 위에 가볍고 약한 재료를 올리는 순서로 용기에 담는 것이 좋아요. 또 모든 채소는 깨끗이 씻은 후 채소 탈수기나 키친타월 등으로 물기를 꼼꼼히 제거해야 물러지는 것을 방지할 수 있습니다. 밀폐 가능한 용기를 사용해 식재료가 산화되는 시간을 지연시키는 것을 추천해요.

프리저 매시트 샐러드

냉동 불가능한 잎채소, 방울토마토, 오이 등을 사용하지 않아 냉동 가능한 샐러드가 있어요. 익혀서 으깬 재료로 만드는 샐러드입니다. 저는 이런 샐러드를 프리저 매시트 샐러드(freezer mashed salad)라고 불러요. 보관·영양·효율 면에서 이 책 전반에서 강조하는 냉동 보관의 이점을 누릴 수 있죠.

조리 후 ▶▶▶ 냉동

포테이토 샐러드

밀키트 재료 감자 2개(약 300g), 구운 베이컨 2줄, 양파 ¼개, 당근 ¼개, 파프리카 ¼개, 체더치즈 50g(선택), 버터 1+½큰술, 우유 60ml, 소금 약간, 후춧가루 약간

1~2개월 보관 가능

밀키트 만들기

① 감자는 껍질을 벗기고 한입 크기로 잘라 끓는 물에 약 15분간 삶아 물기를 빼고 으깨주세요.

② 베이컨은 수분을 완전히 날려 팬에 바삭하게 구운 뒤 기름을 제거하고 잘게 부숴 준비해둡니다.

③ 양파, 당근, 파프리카는 작게 다진 뒤 팬에 버터 ½큰술을 넣고 3~5분간 볶습니다.

④ 으깬 감자에 버터 1큰술, 우유, 볶은 채소, 구운 베이컨을 넣고 섞습니다. 그런 다음 소금, 후춧가루로 간하고 따뜻할 때 치즈를 넣어 섞어주세요.

⑤ 적당한 크기의 밀폐 용기나 비닐 백에 넣어 공기를 최대한 제거한 다음 냉동합니다.

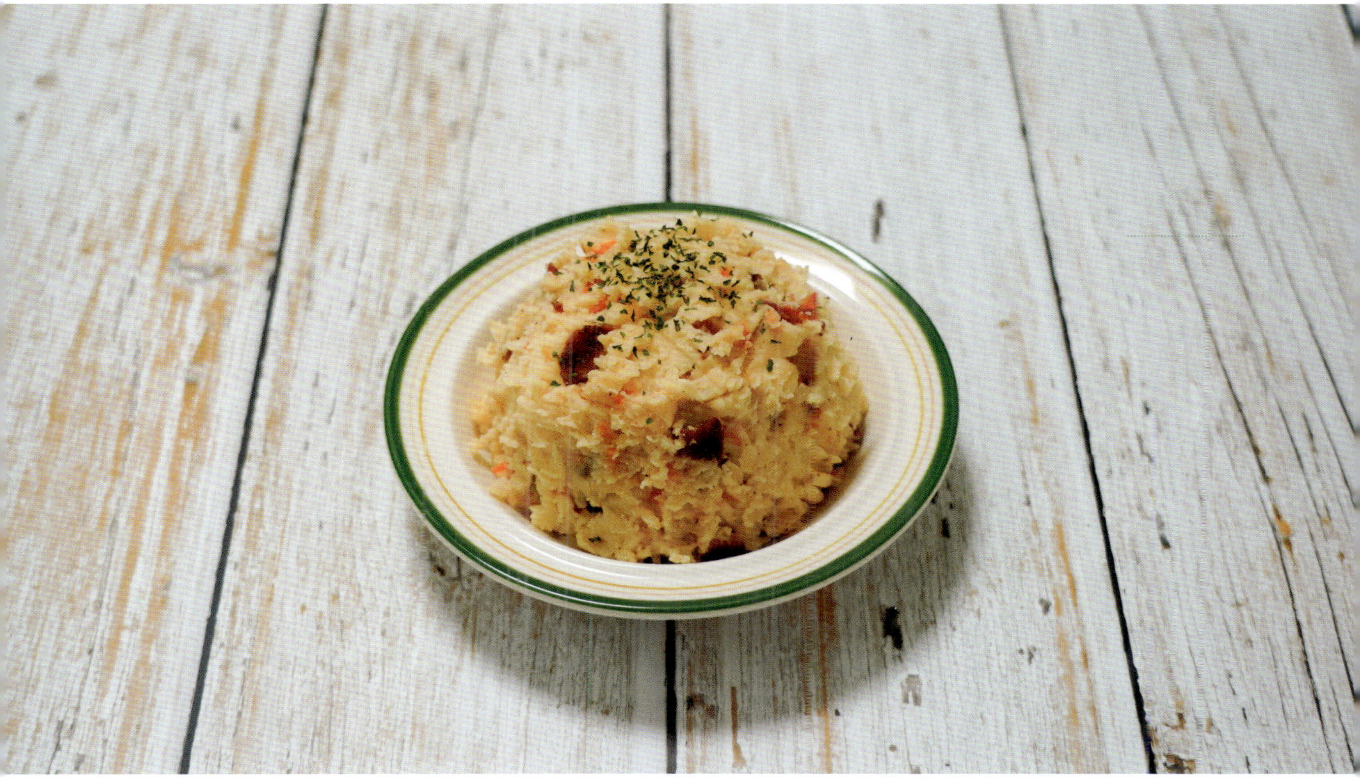

밀키트 조리

① (냉장 해동 시) 먹기 전날 냉장실에 옮겨 천천히 해동하세요.

(전자레인지 조리 시) 전자레인지에서 3~5분간 가열하세요.

중간중간 저어주며 균일하게 데우세요.

Tip. 해동하는 과정에서 나오는 물은 버려주세요.

조리 후 ▶▶▶ 냉동

단호박 샐러드

3개월 보관 가능

밀키트 재료 단호박 ½개(약 400g), 무가당 플레인 요거트 3큰술, 적양파 ¼개, 건크랜베리(건포도) 2큰술, 올리브유 1작은술, 꿀 1작은술, 소금 약간, 후춧가루 약간

밀키트 만들기

① 단호박은 씨를 제거한 뒤 껍질을 벗기고 한입 크기로 잘라 찜기나 전자레인지에서 약 10~12분간 쪄주세요.
② 부드러워지면 물기를 제거하고 으깨주세요.
③ 적양파는 잘게 다져주세요.
④ 으깬 단호박과 다진 양파, 플레인 요거트, 건크랜베리, 올리브유, 꿀을 넣고 섞어주세요.
⑤ 소금, 후춧가루로 간해주세요.
⑥ 적당한 크기의 밀폐 용기나 비닐 백에 넣어 공기를 최대한 제거한 뒤 냉동합니다.

① (냉장 해동 시) 먹기 전날 냉장실에 옮겨 천천히 해동하세요.

(전자레인지 조리 시) 전자레인지에서 3~5분간 가열하세요.
중간중간 저어주며 균일하게 데우세요.

밀키트
조리

Tip. 해동하는 과정에서 나오는 물은 버려주세요.

조리 후 ▶▶▶ 냉동

게맛살 달걀샐러드

밀키트 재료

달걀 4개, 오이 ½개, 게맛살 2줄, 당근 ¼개, 우유 3큰술, 모차렐라 치즈 30g, 마요네즈 1큰술, 소금 약간, 후춧가루 약간, 머스터드 1큰술, 식용유 약간

1~2개월 보관 가능

밀키트 만들기

① 달걀을 깨서 노른자와 흰자를 풀어줍니다.
② 달걀물에 우유, 모차렐라 치즈, 마요네즈를 넣은 뒤 섞어줍니다.
③ 팬에 식용유를 두르고, 달걀물을 넣어 섞으며 스크램블 형태로 만듭니다.
④ 살짝 촉촉할 정도로 익으면 요리 볼에 옮겨 담아 식혀줍니다.
⑤ 오이는 얇게 썬 뒤 소금을 뿌려 10분간 절인 다음 물기를 충분히 짜서 준비합니다.
⑥ 게맛살은 손으로 잘게 찢어주고, 당근은 아주 잘게 다집니다.
⑦ 준비한 재료를 모두 요리 볼에 담아 머스터드와 소금, 후춧가루를 넣어 섞어줍니다.
⑧ 냉동 용기에 담아 냉동 보관합니다.

조리 시 재료　　마요네즈 1큰술

① 　(냉장 해동 시) 먹기 전날 냉장실에 옮겨 천천히 해동하세요.
　　(전자레인지 조리 시) 전자레인지에 3~5분간 가열하세요.
　　중간중간 저어주며 균일하게 데우세요.

② 　해동한 밀키트에 마요네즈를 넣어 섞어줍니다.

밀키트 조리

Tip. 해동하는 과정에서 나오는 물은 버려주세요.

조리 후 ▶▶▶ 냉동 **밀키트 재료** 고구마 2개(약 300g), 통조림 옥수수 3큰술, 무가당 플레인 요거트 2큰술, 마요네즈 2큰술, 꿀 1작은술, 체더치즈(모차렐라 치즈) 50g, 소금 약간, 후춧가루 약간

고구마콘치즈 샐러드

3개월 보관 가능

밀키트 만들기

① 고구마는 껍질을 벗기고 한입 크기로 썰어 찜기나 전자레인지에서 약 8~10분간 쪄줍니다.

② ⑴은 물기를 빼고 으깨줍니다.

③ 통조림 옥수수는 체에 받쳐 물기를 완전히 제거해 준비합니다.

④ 으깬 고구마, 마요네즈, 요거트, 꿀을 넣고 잘 섞어줍니다.

⑤ 따뜻한 고구마에 잘게 썬 치즈를 넣고 섞어줍니다.

⑥ 옥수수를 추가해 섞고 소금, 후춧가루로 간을 맞춥니다.

⑦ 밀폐 용기나 비닐 백에 넣어 공기를 최대한 제거한 뒤 냉동 보관합니다.

① (냉장 해동 시) 먹기 전날 냉장실에 옮겨 천천히 해동하세요.

(전자레인지 조리 시) 전자레인지에서 3~5분간 가열하세요.
중간중간 저어주며 균일하게 데우세요.

밀키트 조리

Tip. 해동하는 과정에서 나오는 물은 버려주세요.

조리 후 ▶▶▶ 냉동   **밀키트 재료**   아보카도 2개, 레몬즙 1큰술, 토마토 ½개, 적양파 ¼개, 다진 고수 1큰술, 다진 할라피뇨 1작은술, 올리브유 1작은술, 소금 약간, 후춧가루 약간

과카몰리

3개월 보관 가능

밀키트 만들기

① 아보카도는 반으로 잘라 씨를 제거한 뒤 속을 꺼내 으깨줍니다.
② 아보카도가 변색되지 않도록 바로 레몬즙을 넣어 섞어줍니다.
③ 으깬 아보카도에 토마토, 적양파, 고수, 다진 할라피뇨를 넣고 섞어줍니다.
④ 소금, 후춧가루, 올리브유를 넣어 간을 맞춥니다.
⑤ 과카몰리는 공기에 닿으면 갈변되기 쉬우므로 냉동 전 한 번 먹을 분량만큼 밀폐 용기에 넣고 표면을 평평하게 한 뒤, 랩을 표면에 밀착시켜 공기를 차단한 다음 냉동 보관합니다.

① 차갑게 먹는 음식이므로 먹기 전날 냉장실에 옮겨 천천히 해동하세요.

밀키트
조리

조리 후 ▶▶▶ 냉동

후무스

밀키트 재료 삶은 병아리콩 240g(마른 콩 기준 200g), 땅콩버터 2큰술, 올리브유 2큰술, 레몬즙 2큰술, 다진 마늘 1작은술, 물 2~3큰술, 소금 약간, 후춧가루 약간

3개월 보관 가능

밀키트 만들기

① 병아리콩은 최소 8시간 동안 물에 담가 불려 씻은 뒤 끓는 물에 넣어 40분 이상 삶아줍니다(아주 부드러운 질감).

② 병아리콩, 땅콩버터, 올리브유, 레몬즙, 다진 마늘, 물을 블렌더에 넣고 곱게 갈아줍니다.

③ 소금과 후춧가루로 간을 맞춥니다.

④ 적당한 크기의 밀폐 용기나 비닐 백에 넣어 공기를 최대한 제거한 뒤 냉동 보관합니다.

조리 시 재료   파프리카가루 약간, 올리브유 약간

① (냉장 해동 시) 덕기 전날 냉장실에 옮겨 천천히 해동하세요.
(전자레인지 조리 시) 전자레인지에서 3~5분간 가열하세요.
중간중간 저어주며 균일하게 데우세요.

② 올리브유를 살짝 뿌리고 파프리카가루를 뿌려 먹습니다.

밀키트 조리

매콤갈릭 새우포케

메인 토핑 새우 200g(껍질과 내장 제거), 버터 1큰술, 다진 마늘 1큰술, 양파 ¼개, 후춧가루 약간, 액젓 1큰술, 레몬즙 1큰술, 파슬리 약간

드레싱 마요네즈 1큰술, 스리라차소스 1큰술, 알룰로스 1큰술

메인토핑 냉장 2일/냉동 불가능
드레싱 냉장보관 일주일

① 팬에 버터를 녹이고 다진 마늘과 다진 양파를 넣은 다음 중간 불에 볶아주세요.

② 양파가 투명해지면 새우를 넣고 액젓, 후춧가루를 뿌린 뒤 익혀주세요.

③ 새우가 다 익으면 레몬즙을 뿌리고 파슬리를 살짝 뿌려 마무리합니다.

④ 볶은 새우를 용기에 담고 분량의 재료로 만든 드레싱도 별도의 용기에 담아 보관합니다.

와사비 참치포케

메인 토핑 통조림 참치 150g(기름 제거), 마요네즈 2큰술, 와사비 1작은술, 다진 고추 약간(선택)

드레싱 간장 1큰술, 올리브 1작은술, 알룰로스 1큰술, 레몬즙 1작은술, 그추기름 1작은술

메인 토핑 냉장 2일/냉동 불가능
드레싱 냉장보관 일주일

① 통조림 참치의 기름기를 잘 제거한 뒤 마요네즈, 와사비를 넣고 섞어주세요.
기호에 따라 다진 고추를 올려주세요.

② 용기에 넣고 분량의 재료로 만든 드레싱은 다른 용기에 담아 보관해주세요.

유자불고기 메밀면포케

메인 토핑 소고기(불고기용) 150g, 메밀 면(건면 기준) 50g, 간장 2큰술, 설탕 1큰술, 들기름 1작은술, 다진 마늘 ½큰술, 후춧가루 약간, 통깨 약간

드레싱 쯔유 2큰술(맛간장 대체 가능), 유자청 1큰술, 미림 1큰술, 들기름(혹은 참기름) 1큰술, 알룰로스 1큰술, 다진 생강 약간(선택), 통깨 1작은술

메인 토핑 냉장 2일/냉동 불가능
드레싱 냉장보관 일주일

① 소고기에 간장, 설탕, 들기름(참기름으로 대체 가능), 다진 마늘, 후춧가루를 넣고 섞어 10분 정도 재워주세요.
② 중간 불에서 재워둔 불고기를 구워주세요.
③ 메밀 면은 삶은 뒤 찬물에 헹궈 물기를 제거하세요.
④ 메밀 면에 들기름을 살짝 묻혀 달라붙지 않게 해주세요.
⑤ 재료 간의 닿는 면을 최소화해 용기에 담고 분량의 재료로 만든 드레싱은 다른 용기에 담아 보관합니다.

문어 미역포케

메인 토핑 문어 다리 200g, 건 미역 10g, 버터 1큰술, 다진 마늘 1작은술, 간장 1큰술, 미림 1큰술, 참기름 2작은술, 소금 약간, 후춧가루 약간

드레싱 간장 2큰술, 알룰로스 1큰술, 참기름 1작은술, 다진 고추, 통깨 1작은술

메인토핑 냉장 2일/냉동 불가능
드레싱 냉장보관 일주일

① 문어 다리는 슬라이스해주세요.
② 팬에 버터를 녹인 뒤 다진 마늘을 넣고 중간 불에 볶아주세요.
③ 마늘 향이 올라오면 문어 다리를 넣고 노릇하게 구워주세요.
④ 문어가 익으면 간장, 미림, 참기름 1작은술, 소금과 후춧가루를 넣고 살짝 더 볶아줍니다.
⑤ 미역은 물에 불려 씻은 뒤 소금 약간과 참기름 1작은술을 넣고 무쳐주세요.
⑥ 재료 간의 닿는 면을 최소화해 용기에 담고 분량의 재료로 만든 드레싱은 다른 용기에 담아 보관합니다.

구운두부와 유부포케

메인 토핑 두부 200g, 유부 3~4개, 식용유 1큰술, 간장 1큰술, 미림 1큰술, 참기름 1작은술, 설탕 1작은술, 다진 마늘 ½큰술, 후춧가루 약간, 통깨 1작은술

드레싱 사과식초 1큰술, 간장 1큰술, 고추기름 1작은술, 알룰로스 1큰술, 다진 생강 약간, 레몬즙 1큰술

메인토핑 냉장 2일 / 냉동 불가능
드레싱 냉장보관 일주일

① 두부는 작게 깍둑 썰고, 유부는 잘게 썰어주세요.

② 팬에 식용유를 두르고 중간 불에 다진 마늘을 볶아주세요.

③ 마늘 향이 올라오면 물기를 제거한 두부와 유부를 넣고 볶아주세요.

④ 두부가 노릇해지면 간장, 미림, 설탕, 후춧가루를 넣고 볶아 양념과 섞어주세요.

⑤ 불을 끈 뒤 참기름과 통깨를 넣어 섞어줍니다.

⑥ 재료 간의 닿는 면을 최소화해 용기에 담고 분량의 재료로 만든 드레싱은 다른 용기에 담아 보관합니다.

구운명란 아보카도 포케

메인 토핑 명란 2~3줄, 아보카도 1개, 참기름 1작은술, 후춧가루 약간, 통깨 1작은술

드레싱 마요네즈 2큰술, 레몬즙 1큰술, 알룰로스 1큰술, 간장 1작은술, 후춧가루 약간, 다진 마늘 ½큰술

메인토핑 냉장 2일/냉동 불가능
드레싱 냉장보관 일주일

① 팬에 참기름을 두르고 중간 불에 명란을 구워주세요.
명란이 튀니 뚜껑을 닫아주세요.

② 명란이 살짝 터지면서 익을 때까지 구워주세요.

③ 아보카도는 씨를 제거한 뒤 깍둑썰기 해주세요.

④ 재료 간의 닿는 면을 최소화해 용기에 담고 분량의 재료로 만든 드레싱은 다른 용기에 담아 보관합니다.
먹을 때 후춧가루와 통깨를 뿌려주세요.

안초비 카펠리니 파스타 샐러드

2일 냉장보관 가능

재료	카펠리니 면 70g(삶아서 준비), 방울토마토 5개(반으로 썰기), 오이 ½개(가운데 씨 제거해서 썰기), 적양파 ¼개(얇게 슬라이스 하기), 모차렐라 치즈 작은 덩어리 25g(한입 크기로 썰기), 로메인 또는 샐러드 채소 1줌, 파프리카 ¼개(채 썰기), 안초비 1~2마리
드레싱	올리브유 1+½큰술, 레몬즙 1큰술, 홀그레인 머스터드 1작은술, 알룰로스 1큰술, 발사믹 식초 1작은술, 다진 마늘 ½큰술, 다진 안초비 약간, 소금 약간, 후춧가루 약간
담는 순서	드레싱 → 카펠리니 면 → 방울토마토·오이·적양파 → 파프리카 → 치즈 → 안초비 → 샐러드 채소

치킨텐더 옥수수 드레싱 샐러드

2일 냉장보관 가능

재료 치킨 텐더 2~3조각(완조리 사용 / P. 208 참고), 로메인 또는 샐러드 채소 1줌, 방울토마토 5개(반으로 썰기), 오이 ½개(가운데 씨 제거해서 썰기), 적양파 ¼개(얇게 슬라이스 하기), 블랙 올리브 5개(슬라이스), 치즈(체더 혹은 모차렐라) 30g(깍둑썰기)

드레싱 초당옥수수 또는 통조림 옥수수 80g(갈아서 준비), 올리브유 2큰술, 레몬즙 1큰술, 홀그레인 머스터드 1작은술, 소금 약간, 후춧가루 약간, 알룰로스 1큰술(옥수수의 단맛에 따라 가감), 물 1~2큰술(드레싱 농도 조절)

담는 순서 드레싱 → 방울토마토·오이·적양파 → 블랙 올리브 → 치즈 → 치킨 텐더 → 샐러드 채소

허니갈릭 닭가슴살 레몬필 샐러드

2일 냉장보관 가능

재료	허니 갈릭 닭 가슴살 150g(완조리 사용 / P. 130 참고), 로메인 또는 샐러드 채소 1줌, 방울토마토 5개(반으로 썰기), 오이 ½개(가운데 씨 제거해서 썰기), 당근 ¼개(얇게 채 썰기), 블랙 올리브 5개(슬라이스 하기), 견과류(호두, 아몬드 등) 1큰술
드레싱	올리브유 2큰술, 레몬즙 1큰술, 레몬 필 1작은술(레몬 껍질 간 것), 홀그레인머스터드 1작은술, 다진 마늘 1작은술, 알룰로스 1큰술(닭 가슴살의 허니 갈릭 맛에 따라 가감), 물 1작은술(드레싱 농도 조절용), 소금 약간, 후춧가루 약간
담는 순서	드레싱(2~3큰술) → 방울토마토·오이·당근·블랙 올리브 → 견과류 → 허니 갈릭 닭 가슴살 → 샐러드 채소

미트볼 토마토퓌레 샐러드

재료 미트볼 3~4개(150g / 관조리 사용 / P. 210 참고), 로메인 또는 샐러드 채소 1줌, 방울토마토 5개(반으로 썰기), 오이 ½개(가운데 씨 제거해서 썰기), 적양파 ¼개(얇게 슬라이스 하기), 당근 ¼개(얇게 채 썰기), 블랙 올리브 5개(슬라이스)

드레싱 토마토 퓌레 3큰술, 올리브유 1큰술, 발사믹 식초 1작은술, 레몬즙 1작은술, 다진 마늘 1작은술, 알룰로스 1큰술, 물 1~2큰술(드레싱 농도 조절용), 소금 약간, 후춧가루 약간

담는 순서 드레싱(2~3큰술) → 방울토마토·오이·당근·적양파 → 블랙 올리브 → 미트볼 → 샐러드 채소

2일 냉장보관 가능

채소찜 샐러드

밀키트 재료   애호박 ⅛개(약 15g), 당근 ⅛개(약 15g), 송이버섯 1개(약 10g), 가지 ⅛개(약 15g), 토마토 ½개(약 30g), 브로콜리 15g, 단호박 ⅛개(약 15g), 삶은 병아리콩 2큰술(약 25g)

밀키트 만들기

① 병아리콩은 미리 12시간 이상 물에 불려주세요.

② 모든 재료는 깨끗이 씻은 뒤 먹기 좋은 크기로 썰거나 데쳐서 준비합니다. 애호박, 당근, 송이버섯, 가지는 2cm 정도 두께로 썰고 토마토는 꼭지를 제거한 뒤 깍둑 썰어주세요. 브로콜리는 작은 송이로 잘라낸 뒤 씻어서 물기를 제거하고 단호박은 전자레인지에 5분 정도 돌린 뒤 가운데 씨 부분을 제거하고 깍둑썰기합니다.

③ 불린 병아리콩은 끓는 물에 40분간 삶아주세요.

④ 1인분씩 용기에 담아 보관합니다.

된장 드레싱   된장 1큰술, 맛술 1큰술, 들기름 1큰술, 레몬즙 1큰술, 알룰로스 1큰술, 통깨 1작은슬, 후춧가루 약간, 다진 마늘 1큰술

들깨 드레싱   들깻가루 1큰술, 알룰로스 1큰술, 다진 마늘 1큰술, 간장 1큰술, 들기름 2큰술, 통깨 1작은술

① 1회분씩 소분해둔 길프렙을 전자레인지 용기에 담고 뚜껑을 닫아 4~5분간 돌려주시요.

② 채소에서 나온 물은 따라낸 뒤 드레싱을 곁들여 먹습니다.

밀키트 조리

PART 4.

스무디

※ **일러두기**

· 재료는 1잔 분량입니다. 갈고 나면 시간이 지날수록 산화되기 때문에 냉장 시에는 2일 이내에 마시길 권장합니다. 한꺼번에 만들어두고 소분해 냉동 보관해도 좋아요 (갈아서 냉동 가능/재료째 냉동도 가능).

· 갈아서 냉동한 경우 냉장 해동을 권장하며 부득이하게 상온 해동을 할 경우 1시간 이내 해동 시간을 지켜주세요. 재료째 냉동할 경우 액체는 제외하고 냉동하며 별도의 해동을 하지 않고 액체를 추가해 믹서에 갈면 가장 신선하게 섭취할 수 있습니다.

· 액체의 양은 취향에 따라 자유롭게 가감해도 됩니다.

· 채소는 세척 후 손질합니다.

· 책에 수록된 밀키트 사진은 이해를 돕기 위한 이미지입니다. 반드시 상세 설명을 읽고 따라 하시길 바랍니다.

기적의 냉동 밀프렙

건강 스무디

모닝스타터 스무디

밀키트 재료 사과 50g, 양배추 30g, 당근 50g, 레몬즙 ⅔큰술, 물 1컵(120ml), 치아시드 1큰술, 올리브유 1큰술

냉장 1~2일 / 냉동 1개월 보관 가능

밀키트 만들기

① 준비한 재료를 깨끗이 씻어줍니다. 사과는 씨를 제거하고 껍질째 사용합니다. 당근은 유기농이 아닌 경우 껍질을 제거합니다.

② ⑴을 한입 크기로 작게 썰어주세요.

③ 양배추와 당근은 찜기에 7분간 또는 전자레인지 3~4분간 돌려 쪄준 뒤 식혀주세요.

④ 모든 재료를 믹서에 넣고 갈아주세요.

Tip. 사과는 잘라서 냉동할 경우 갈변이 일어날 수 있으므로 냉동하기 전에 레몬즙을 뿌려 갈변을 줄이고 풍미를 유지하도록 해주세요.

아침 공복에 먹어도 속 편한 대표 건강 주스. 디톡스, 소화 개선, 피부 건강 개선 등 전반적인 건강에 좋은 CCA 주스입니다.

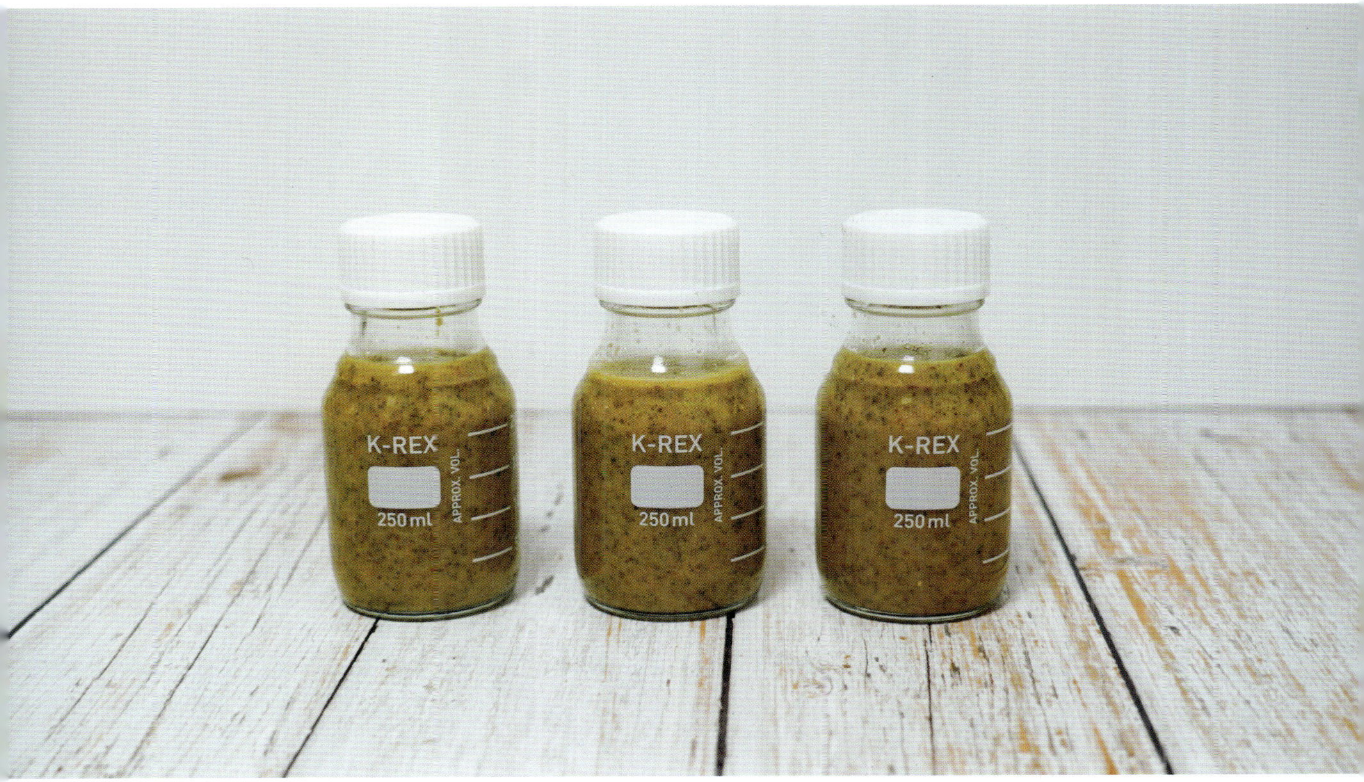

①   전날 냉장실에 옮겨 해동해주세요.
        과일과 채소를 갈아 만든 스무디는 해동 후에 물층이 분리되는 현상이 나타납니다. 자연스러운 현상이며 흔들어서 섭취하시길 바랍니다. 냉장 해동을 권장하나 부득이하게 빠르게 섭취해야 하는 경우 그늘진 상온에서 1시간 이내 해동 후 드시길 바랍니다.

Tip. 해동하면 물기가 약간 생길 수 있는데, 다시 섞어 먹으면 맛이 더 좋아집니다.

에너지증진 스무디

밀키트 재료 아보카도 35g, 데친 시금치 20g, 바나나 40g, 사과 35g, 아몬드 우유 120ml, 올리브유 1큰술

냉장 1~2일 / 냉동 1개월 보관 가능

밀키트 만들기

① 아보카도는 껍질과 씨를 제거하고 사과는 씨만 제거한 뒤 껍질째 사용하세요.
　껍질째 사용하는 사과는 식초물에 담가 살균 과정을 거치는 것을 권장합니다. 물 1L 기준 식초 1~2큰술.

② 시금치는 끓는 물에 30초 정도 살짝 데치고 찬물에 헹궈 물기를 제거해주세요.

③ 모든 재료를 작게 잘라주세요.

④ (3)을 믹서에 넣고 갈아주세요.

Tip. 바나나와 아보카도는 냉동 후 갈변할 수 있으나, 산화된 부분은 섞어 마셔도 맛과 영양에는 큰 영향이 없습니다. 냉동 전 레몬즙을 살짝 뿌려 변색을 줄이는 것도 추천합니다.

아보카도와 시금치, 바나나, 사과의 조합으로 활력을 충전할 수 있는 완벽한 에너지 부스터입니다. 아보카도의 건강한 지방은 오래 지속되는 에너지를 제공하며, 시금치와 사과는 비타민과 항산화 성분을, 바나나는 천연 당분으로 즉각적인 에너지를 공급해줍니다.

① 전날 냉장실에 넣어 해동해주세요.
과일과 채소를 갈아 만든 스무디는 해동 후에 물층이 분리되는 현상이 나타납니다. 자연스러운 현상이며 흔들어서 섭취하시길 바랍니다. 냉장 해동을 권장하나 부득이하게 빠르게 섭취해야 하는 경우 그늘진 상온에서 1시간 이내 해동 후 드시길 바랍니다.

Tip. 해동 후 믹서에 한번 더 갈아 섞어주면 원래의 부드러운 식감으로 복원돼요.

장 클렌즈 스무디

밀키트 재료 삶은 양배추 30g, 바나나 30g, 아보카도 40g, 그릭 요거트 30ml, 아몬드 우유 120ml, 올리브유 1작은술, 레몬즙 ¾큰술

냉장 1~2일 / 냉동 1개월 보관 가능

밀키트 만들기

① 준비한 재료를 깨끗이 씻습니다. 아보카도는 껍질과 씨를 제거하고 양배추는 전자레인지에 2~3분간 쪄줍니다.

② 삶은 양배추, 바나나, 아보카도를 작게 잘라주세요.

③ 모든 재료를 믹서에 넣고 갈아줍니다.

양배추의 식이 섬유와 바나나, 아보카도의 칼륨과 건강한 지방, 요거트의 유산균이 어우러져 속을 편안하고 산듯하게 해줍니다.

① 전날 냉장실에 옮겨 해동해주세요.

과일과 채소를 갈아 만든 스무디는 해동 후에 물층이 분리되는 현상이 나타납니다. 자연스러운 현상이며 흔들어서 섭취하시길 바랍니다. 냉장 해동을 권장하나 부득이 하게 빠르게 섭취해야 하는 경우 그늘진 상온에서 1시간 이내 해동 후 드시길 바랍니다.

냉동 시 해동

Tip. 재료 특성상 해동한 후 믹서에 한번 더 갈아 섞어주어야 원래의 부드러운 식감으로 복원돼요.

피부미인 스무디

밀키트 재료 당근 70g, 케일(스무디용) 1장, 오렌지 1개, 레몬즙 ⅔큰술, 물 또는 코코넛 워터 120ml, 올리브유 1작은술, 치아 시드 1큰술

냉장 1~2일/냉동 1개월 보관 가능

밀키트 만들기

① 준비한 재료를 깨끗이 씻어주세요. 당근은 유기농이 아닌 경우 껍질을 제거해주세요. 오렌지도 껍질을 제거하고 케일, 당근은 쪄주세요.

② 당근, 오렌지, 케일을 작게 잘라주세요.

③ 모든 재료를 믹서에 넣고 갈아줍니다.

비타민 A와 C가 풍부한 당근과 오렌지, 항산화 성분이 가득한 케일, 그리고 레몬즙을 넣은 건강 주스입니다. 피부의 탄력을 높이고, 항산화 작용으로 피부 노화를 예방하며 피부 건강을 촉진해줍니다.

① 전날 냉장실에 옮겨 해동해주세요.
과일과 채소를 갈아 만든 스무디는 해동 후에 물층이 분리되는 현상이 나타납니다. 자연스러운 현상이며 흔들어서 섭취하시길 바랍니다. 냉장 해동을 권장하나 부득이하게 빠르게 섭취해야 하는 경우 그늘진 상온에서 1시간 이내 해동 후 드시길 바랍니다.

냉동 시 해동

항산화 스무디
(ABC주스)

밀키트 재료 사과 50g, 비트 30g, 당근 50g, 레몬즙 ⅔큰술, 물 또는 코코넛 워터 1컵 (170ml), 올리브유 1작은술

냉장 1~2일 / 냉동 1개월 보관 가능

밀키트 만들기

① 준비한 재료를 깨끗이 씻어주세요. 사과는 씨만 제거하고 껍질째 사용하세요. 당근은 유기농이 아닌 경우 껍질을 제거해주세요. 비트, 당근은 쪄주세요.

② 사과, 비트, 당근을 작게 잘라주세요.

③ 모든 재료를 믹서에 넣고 갈아줍니다.

사과(apple), 비트(beetroot), 당근(carrot)을 주재료로 한 건강 주스입니다. 비트에는 간 해독에 도움을 주는 베타인과 항산화 성분이 풍부합니다. 이르 인해 간 건강이 개선되고 몸속 노폐물 배출이 원활해집니다. 그 외에도 비타민과 항산화 성분이 풍부해 면역력 강화, 피로 해소, 피부 건강 개선에 도움이 됩니다. 매일 아침 공복에 마시면 디톡스 효과를 극대화 할 수 있습니다.

① 전날 냉장실에 옮겨 해동해주세요.

과일과 채소를 갈아 만든 스무디는 해동 후에 물층이 분리되는 현상이 나타납니다. 자연스러운 현상이며 흔들어서 섭취하시길 바랍니다. 냉장 해동을 권장하나 부득이 하게 빠르게 섭취하야 하는 경우 그늘진 상온에서 1시간 이내 해동 후 드시길 바랍니다.

눈건강 스무디

밀키트 재료 아로니아 10g, 블루베리 60g, 바나나 40g, 레몬즙 ⅔큰술, 아몬드 우유 또는 우유 160ml, 올리브유 1작은술, 호두 2~3개

냉장 1~2일 / 냉동 1개월 보관 가능

밀키트 만들기

① 준비한 재료를 깨끗이 씻어주세요.
② 바나나는 작게 잘라주세요.
③ 모든 재료를 믹서에 넣고 갈아줍니다.

강력한 시력 보호 스무디. 아로니아와 블루베리의 항산화 성분이 눈 건강을 촉진하고 시력 보호에 도움을 줍니다. 특히 루테인과 안토시아닌이 풍부해 눈의 피로를 줄이고, 황반 변성 예방에도 효과적이라 꾸준히 먹으면 눈 건강과 면역력 개선에 도움이 됩니다.

① 전날 냉장실에 옮겨 해동해주세요.
과일과 채소를 갈아 만든 스무디는 해동 후에 물층이 분리되는 현상이 나타납니다. 자연스러운 현상이며 흔들어서 섭취하시길 바랍니다. 냉장 해동을 권장하나 부득이하게 빠르게 섭취해야 하는 경우 그늘진 상온에서 1시간 이내 해동 후 드시길 바랍니다.

탈모예방 스무디

밀키트 재료 검은콩 25g(불린 검은콩 50g), 검은깨 1큰술, 바나나 30g, 아몬드 우유 100ml, 꿀 ½큰술, 콩 삶은 물 170ml, 아몬드 5개, 다시마가루 1큰술

냉장 1~2일/냉동 1개월보관 가능

밀키트 만들기

① 검은콩은 깨끗이 씻어 물에 8~12시간 불려주세요.

② 냄비에 검은콩을 넣고 잠길 정도로 물을 부은 뒤 강한 불로 끓이다가 중약불로 줄여 30~40분 정도 삶아주세요.

③ 콩과 삶은 물은 잠시 식혀주세요.

④ 믹서에 검은깨, 삶은 검은콩, 콩 삶은 물, 바나나, 아몬드, 다시마가루, 아몬드 우유, 꿀을 넣고 갈아줍니다.

검은콩과 검은깨에는 풍부한 단백질과 항산화 성분을 함유해 두피와 모발 건강에 도움을 줄 수 있습니다. 꾸준히 섭취해서 모발에 영양을 공급하고 탈모를 예방해봅시다.

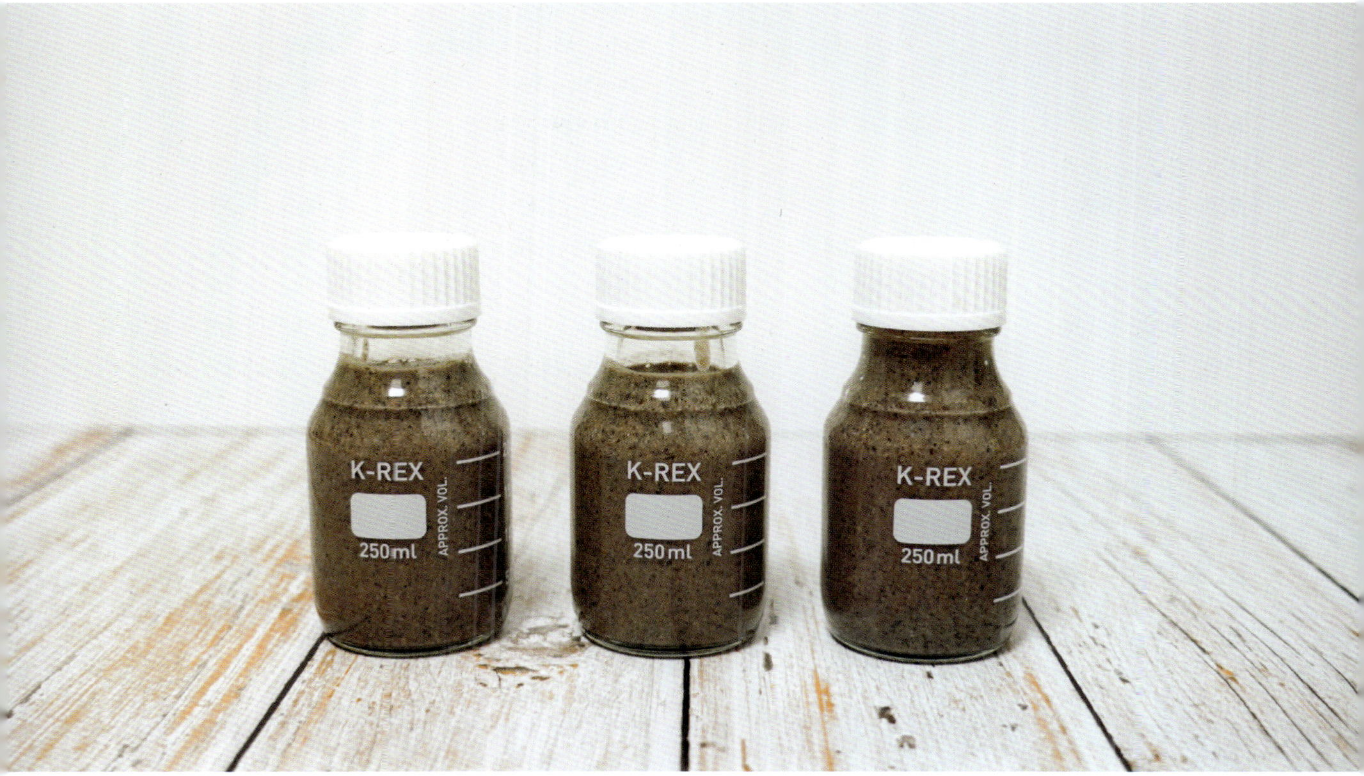

① 전날 냉장실에 옮겨 해동해주세요.
과일과 채소를 갈아 만든 스무디는 해동 후에 물층이 분리되는 현상이 나타납니다. 자연스러운 현상이며 흔들어서 섭취하시길 바랍니다. 냉장 해동을 권장하나 부득이하게 빠르게 섭취해야 하는 경우 그늘진 상온에서 1시간 이내 해동 후 드시길 바랍니다.

재료별 인덱스

※목적에 맞는 요리를 편리하게 찾을 수 있도록 레시피에 들어가는 메인 재료와 부재료가 모두 반영된 재료별 인덱스입니다.
(병샐러드, 건강스무디 레시피는 제외)

가지
명란가지솥밥 … 46
메밀소바 … 172

가공육(햄, 소시지, 베이컨)
부대찌개 … 66
마라탕 … 108
버섯크림뇨끼 … 166
토마토나베 … 168
토마토파스타 … 178
햄무스비 … 194
햄채소볶음밥 … 198
모둠김밥 … 202
베이컨채소말이 … 216
달걀말이 … 224
소시지채소볶음 … 226
베이컨브로콜리볶음 … 228
포테이토샐러드 … 254
게맛살달걀샐러드 … 258

감자
우삼겹된장찌개 … 60
애호박고추장찌개 … 68
감자옹심이국 … 70
우렁된장찌개 … 78
감자탕 … 94
순살닭볶음탕 … 120
순살찜닭 … 122
부드러운일본카레 … 150
브로콜리수프 … 164
드라이카레 … 218
유니짜장 … 220
감자연근당근조림 … 232
포테이토샐러드 … 254

고구마
닭갈비 … 118
오픈토스트 … 160
고구마콘치즈샐러드 … 260

고사리
차돌박이육개장 … 96

곱창
낙곱새 … 104
모쓰나베 … 106

그린빈
촙스테이크 … 152

김
마제소바 … 174
소불고기주먹밥 … 186
매운어묵주먹밥 … 188
모둠김밥 … 202

김치
돼지고기김치찌개 … 58
청국장 … 64
김치전큐브 … 110
김치볶음밥 … 196

깻잎
낙곱새 … 104
닭갈비 … 118
신림동백순대볶음 … 136
고추장떡 … 234

낙지
낙곱새 … 104

달걀
비빔밥 … 54
햄버그스테이크 … 154
햄무스비 … 194
중화볶음밥 … 200
모둠김밥 … 202
돈가스 … 206
치킨텐더 … 208
미트볼 … 210
달걀말이 … 224
게맛살달걀샐러드 … 258

닭고기
닭갈비 … 118
순살닭볶음탕 … 120
순살찜닭 … 122
닭곰탕 … 126
네가지맛양념닭 … 128
닭가슴살스테이크 … 130
치킨텐더 … 208
청양마늘닭봉구이 … 214

당근
비빔밥 … 54
감자옹심이국 … 70
불고기전골 … 102
소불고기 … 114
닭갈비 … 118
순살닭볶음탕 … 120
순살찜닭 … 122
오징어볶음 … 124
신림동백순대볶음 … 136

세가지맛삼치찜 … 140
부드러운일본카레 … 150
짜조 … 156
차돌짬뽕 … 176
모둠김밥 … 202
미트볼 … 210
떡갈비 … 212
드라이카레 … 218
유니짜장 … 220
두부강된장 … 222
달걀말이 … 224
감자연근당근조림 … 232
포테이토샐러드 … 254

당면
불고기전골 … 102
순살찜닭 … 122
짜조 … 156
콩나물어묵잡채 … 248

대파
돼지고기김치찌개 … 58
우삼겹된장찌개 … 60
해물순두부찌개 … 62
청국장 … 64
부대찌개 … 66
애호박고추장찌개 … 68
감자옹심이국 … 70
얼큰한우시래깃국 … 76
우렁된장찌개 … 78
소고기뭇국 … 82
오징어뭇국 … 86
어묵탕 … 88
맑은콩나물국 … 90

순댓국 … 92
감자탕 … 94
간편해물탕 … 98
불고기전골 … 102
낙곱새 … 104
마라탕 … 108
김치전큐브 … 110
소쿨고기 … 114
제육볶음 … 116
닭갈비 … 118
순살닭볶음탕 … 120
순살찜닭 … 122
오징어볶음 … 124
닭곰탕 … 126
신림동백순대볶음 … 136
가자미무조림 … 138
세가지맛삼치찜 … 140
과파두부 … 144
떡볶이 … 158
오픈토스트 … 160
미소라멘 … 170
차돌짬뽕 … 176
떡갈비 … 212
유니짜장 … 220
두부강된장 … 222
달걀말이 … 224
표고버섯버터볶음 … 230

돼지고기
돼지고기김치찌개 … 58
부대찌개 … 66
애호박고추장찌개 … 68
감자탕 … 94
마라탕 … 108
제육볶음 … 116
고추잡채 … 142
마파두부 … 144
부드러운일본카레 … 150

햄버그스테이크 … 154
짜조 … 156
미소라멘 … 170
미제소바 … 174
돈가스 … 206
떡갈비 … 212
드라이카레 … 218
유니짜장 … 220

두부
우거지두부된장솥밥 … 50
돼지고기김치찌개 … 58
우삼겹된장찌개 … 60
청국장 … 64
부대찌개 … 66
애호박고추장찌개 … 68
시금치된장국 … 74
우렁된장찌개 … 78
미소된장국 … 80
황태국 … 84
간편해물탕 … 98
모쓰나베 … 106
마파두부 … 144
두부강된장 … 222
두부강정 … 240
구운두부와 유부포케 … 270

떡볶이떡
닭갈비 … 118
떡볶이 … 158

마늘
모쓰나베 … 106
닭곰탕 … 126
신림동백순대볶음 … 136
촙스테이크 … 152
소시지채소볶음 … 226
베이컨브로콜리볶음 … 228

매생이
매생이전 … 238

명란
명란가지솥밥 … 46
오픈토스트 … 160
토마토파스타 … 178
구운명란아코카도포케 … 271

무
소고기뭇국 … 82
황태국 … 84
오징어뭇국 … 86
어묵탕 … 88
간편해물탕 … 98
가자미무조림 … 138
메밀소바 … 172

문어
문어미역줄기솥밥 … 52
문어미역포케 … 269

미역
바지락미역국 … 72
미소된장국 … 80
문어미역포케 … 269

바지락
해물순두부찌개 … 62
바지락미역국 … 72
간편해물탕 … 98

배추
간편해물탕 … 98
샤부샤부 … 100
마라탕 … 108
차돌짬뽕 … 176

버섯
전복버섯솥밥 … 43
비빔밥 … 54
해물순두부찌개 … 62
부대찌개 … 66
애호박고추장찌개 … 68
감자옹심이국 … 70
시금치된장국 … 74
우렁된장찌개 … 78
미소된장국 … 80
차돌박이육개장 … 96
간편해물탕 … 98
샤부샤부 … 100
불고기전골 … 102
모쓰나베 … 106
마라탕 … 108
소불고기 … 114
순살찜닭 … 122
고추잡채 … 142
촙스테이크 … 152
짜조 … 156
버섯크림뇨끼 … 166
토마토나베 … 168
미소라멘 … 170
메밀소바 … 172
토마토파스타 … 178
미트볼 … 210
베이컨채소달에 … 216
두부강된장 … 222
표고버섯버터볶음 … 230

병아리콩
병아리콩조림 … 246
후무스 … 264

부추
순댓국 … 92
낙곱새 … 104

해물부추전큐브 … 112
해물부추전 … 236

브로콜리
촙스테이크 … 152
브로콜리수프 … 164
베이컨브로콜리볶음 … 228

새우
간편해물탕 … 98
낙곱새 … 104
해물부추전큐브 … 112
크림새우 … 132
튀기지않은칠리새우 … 134
멘보샤 … 148
짜조 … 156
중화볶음밥 … 200
매콤갈릭새우포케 … 266

소고기
콩나물솥밥 … 42
비빔밥 … 54
마파두부 … 144
부드러운일본카레 … 150
전주비빔주먹밥 … 184
유부초밥 … 190
미트볼 … 210
떡갈비 … 212
드라이카레 … 218
차돌냉이솥밥 … 44
차돌박이육개장 … 96
차돌짬뽕 … 176
샤부샤부 … 100
우삼겹된장찌개 … 60
얼큰한우시래깃국 … 76
소고기뭇국 … 82
불고기전골 … 102
소불고기 … 114

촙스테이크 … 152
햄버그스테이크 … 154
소불고기주먹밥 … 186
유자불고기메밀면포케 … 268

숙주
차돌박이육개장 … 96
샤부샤부 … 100
미소라멘 … 170

순대
순댓국 … 92
신림동백순대볶음 … 136

시금치
비빔밥 … 54
시금치된장국 … 74
모둠김밥 … 202

시래기
얼큰한우시래깃국 … 76
감자탕 … 94

식빵
멘보샤 … 148
오픈토스트 … 160

아보카도
과카몰리 … 262
구운명란 아보카도 포케 … 271

아스파라거스
촙스테이크 … 152
베이컨채소말이 … 216

양배추

낙곱새 … 104
모쓰나베 … 106
닭갈비 … 118
오징어볶음 … 124
신림동백순대볶음 … 136
떡볶이 … 158
토마토나베 … 168

양파
돼지고기김치찌개 … 58
우삼겹된장찌개 … 60
해물순두부찌개 … 62
청국장 … 64
부대찌개 … 66
애호박고추장찌개 … 68
우렁된장찌개 … 78
감자탕 … 94
간편해물탕 … 98
불고기전골 … 102
낙곱새 … 104
소불고기 … 114
제육볶음 … 116
순살닭볶음탕 … 120
순살찜닭 … 122
오징어볶음 … 124
닭곰탕 … 126
튀기지않은칠리새우 … 134
가자미무조림 … 138
세가지맛삼치찜 … 140
고추잡채 … 142
마파두부 … 144
부드러운일본카레 … 150
촙스테이크 … 152
햄버그스테이크 … 154
짜조 … 156
단호박수프 … 162
브로콜리수프 … 164
토마토나베 … 168

차돌짬뽕 … 176
토마토파스타 … 178
미트볼 … 210
떡갈비 … 212
드라이카레 … 218
유니짜장 … 220
두부강된장 … 222
달걀말이 … 224
소시지채소볶음 … 226
콩나물어묵잡채 … 248
포테이토샐러드 … 254

어류
황태국 … 84
가자미무조림 … 138
세가지맛삼치찜 … 140

어묵
어묵탕 … 88
떡볶이 … 158
매운어묵주먹밥 … 188
콩나물어묵잡채 … 248

연근
감자연근당근조림 … 232

오징어
해물순두부찌개 … 62
오징어뭇국 … 86
간편해물탕 … 98
해물부추전큐브 … 112
오징어볶음 … 124
해물부추전 … 236

옥수수
오픈토스트 … 160
고구마콘치즈샐러드 … 260

완두콩
마파두부 … 144

우거지
우거지두부된장솥밥 … 50

우렁
우렁된장찌개 … 78

우엉
모둠김밥 … 202
우엉조림 … 244

유부
샤부샤부 … 100
유부초밥 … 190
구운두부와유부포케 … 270

전복
전복버섯솥밥 … 48

진미채
진미채볶음 … 242

참치캔
으픈토스트 … 160
참치마요주먹밥 … 182
김치볶음밥 … 196
와사비참치포케 … 267

청경채
샤부샤부 … 100
가라탕 … 108

청양고추/홍고추
해물순두부찌개 … 62
청국장 … 64
애호박고추장찌개 … 68

얼큰한우시래깃국 … 76
오징어뭇국 … 86
어묵탕 … 88
맑은 콩나물국 … 90
순댓국 … 92
감자탕 … 94
차돌박이육개장 … 96
간편해물탕 … 98
순살닭볶음탕 … 120
순살찜닭 … 122
신림동백순대볶음 … 136
가자미무조림 … 138
마파두부 … 144
청양마늘닭봉구이 … 214
고추장떡 … 234
해물부추전 … 236
매생이전 … 238

치즈(모짜렐라, 체다)
닭갈비 … 118
떡볶이 … 158
오픈토스트 … 160

콩나물
콩나물솥밥 … 42
맑은콩나물국 … 90
콩나물어묵잡채 … 248

토마토
토마토나베 … 168
과카몰리 … 262

파프리카
튀기지않은칠리새우 … 134
촙스테이크 … 152
베이컨채소말이 … 216
소시지채소볶음 … 226
포테이토샐러드 … 254

피망
고추잡채 … 142
촙스테이크 … 152